너, 밥 먹다 뭐하니?

오감을 토대로 감정을 표현하고 마음을 치유하는 K-Therapy 푸드표현예술로 만나는
하루 5분 밥상 위의 심리학

너, 밥 먹다 뭐하니?

강민주, 김민풍, 김영애, 치유산타 의 힐링 에세이

생각나눔

너, 밥 먹다 뭐하니?

　주위에 몸과 마음이 아픈 친구가 있어 긍정의 에너지를 담아 푸놀치 마음여행 후 그에게 에너지를 실어 보냈습니다. 민들레의 강인함을 담아 의지력을 발휘해 주길 바라며 '의지'라는 글자를 썼습니다. 추운 겨울을 지내고 봄꽃을 피운 강인한 민들레와 쑥갓 꽃을 뜯어 어려움을 이겨내기를 바라는 마음을 담아, 봄을 담은 채소전을 부쳐 먹으며 치유에너지를 보냈어요.

추천의 글

치유산타와 함께하는 밥상 위의 심리학 '밥 먹다 뭐하니?'의 출간을 축하합니다.

우리는 음식이라는 일상의 언어를 통해 창의와 예술, 그리고 치유의 길을 함께 열어가는 특별한 만남, 삶의 치유예술인 푸드표현예술(푸놀치)을 지면을 통해 만납니다.

음식은 단순히 배를 채우는 수단이 아니라, 우리의 기억과 감정, 그리고 삶의 이야기를 담아내는 또 하나의 예술 언어입니다. 이 책은 그러한 음식의 상징성과 감각을 예술적 창조와 융합시켜, 새로운 치유와 공감의 공간을 열어주고 있습니다.

작품 하나하나 속에는 작가들의 깊은 사유와 따뜻한 정성이 녹아 있습니다. 우리는 그 안에서 위로와 기쁨, 그리고 삶을 새롭게 바라보는 힘을 얻게 될 것입니다.

단순히 보는 것에서 그치지 않고, 함께하는 이들의 마음을 치유하며 서로를 연결되는 소통의 장이 되리라 믿습니다.

K-Therapy PuNolChi가 대한민국에서 K-Healing Model로 세계로 나아가 많은 분들에게 따뜻한 영감과 치유의 힘을 전하는 만남이 되기를 기원합니다.

예당관광농원 후광갤러리 관장
최종환 엘리사벳

『너, 밥 먹다 뭐하니?』 책을 시작하며

밥상 앞에서 맛있게 먹는 자식들을 보면 부모의 마음은 그저 행복해집니다. 정성껏 차린 음식을 맛있게 먹어주는 모습에 부모는 먹지 않아도 배가 부르지요. 그런데 교통사고 후 식욕을 잃어버려 밥상을 마주하고 먹을 생각은 않고 넋 놓고 앉아만 있는 큰딸을 보며, 엄마는 애가 타 냉장고에서 이것저것을 꺼내 주시며, "너, 잘하는 거 그거 좀 해봐."라고 계속 말을 거셨지요.

"너, 밥 먹다 뭐하니?" 때로 밥을 먹다 딴짓하는 제게 하셨던 말이죠. 얼마 전 저는 밥을 먹기 위해 잠깐의 놀이가 필요했던 적이 있었습니다. 사고로 식욕중추가 고장 나며 음식 맛을 잃어버렸습니다. 그러나 밥상 앞의 표현놀이 덕분에 조금씩이라도 밥을 먹을 수 있었지요.

밥상 위의 심리학: 몸과 마음을 건강하게 만나는 여행

밥을 먹을 때마다 저는 저에게 사랑과 치유의 에너지를 담아 감사한 마음으로 꼭꼭 씹어 천천히 음미하며 밥을 먹었습니다.

내 안에 잠자고 있는 건강과 사랑의 치유 에너지를 먹는 푸놀치
나는 매일 밥을 먹을 때마다 건강해지고 있다!
나는 날마다 조금씩 나아지고 있다!

몸과 마음이 멈췄던 시간

몇 년 전, 예상치 못한 교통사고로 몸과 마음이 멈추고 고통 속에 보냈던 시간이 있었지요. 뇌진탕 장애와 트라우마 장애 진단을 받았습니다. 머릿속이 흔들리고 어지러워, 앉는 것도, 서는 것도 힘들었지요. 심지어 단어를 기억하지 못해 말을 더듬고 말을 하기 위해 에너지를 쥐어짜내야 하는 힘든 상황이었지요. 밥맛을 완전히 잃어버린 것은 물론이고, 약을 먹기 위해 억지로라도 밥을 먹어야 했지만, 밥상 앞에 앉아 있는 것 자체가 고통이었죠.

몸을 움직이면 흔들리는 두개골 속의 뇌를 안정시키고 건강한 몸으로 되살아나기 위해 매일 푸놀치 마음밥상으로 단련하였지요. 20년 전 푸드표현예술치료를 개발하고 밥상 위의 심리학이 푸놀치 마음여행을 일상에서 늘 하고는 있었지만, 교통사고로 피폐해진 몸을 살리기 위해 매 끼니마다 더 간절한 마음으로 밥상 앞에서 셀프테라피를 하며 저의 몸과 마음은 조금씩 건강해지기 시작했습니다.

젊은 농부의 농장에서 채취한 당근으로
푸드표현하고 놀면서 치유를 경험하는 푸놀치 마음여행 하세요.
푸드표현하고 놀면 치유의 기적이 생긴답니다.

"OO, 밥 먹다, 뭐하세요?"

너, 당신, 여러분, 글쎄, 아니, 진짜, 정말, 어~?, 등등 이 말은 늘 딴짓하는 제게 엄마, 친구, 동료, 주변 지인들이 던진 말이었지요.

"아니, 밥 먹다 뭐하세요?" 최근에도 또 들은 재미있는 질문, 그 순간 전 함박웃음 지으며, "선생님, 그 질문은 지금 다른 분들과 함께 쓰고 있는 책 제목인데요?"라고 말했습니다. 오랫동안 들었지만 간과했었던 그 질문이 내게 와서 인생의 꽃으로 피어났습니다.

자카르타에서 피어난 〈내 인생의 꽃〉

돌이켜 생각해 보니 이 짧은 한 문장은 아주 어릴 적부터 밥 먹기 싫어 밥상 앞에서 딴짓하던 나를 혼내시는 부모님, 내 삶을 오랫동안 지배했었던 내사된 비난의 목소리이기도 했네요. 아침이면 아무것도 안 먹고 학교에 가서 놀고 싶은데 꼭 밥을 먹어야 한다는 부모님의 엄명이 있었습니다. 밥상 앞에서 콩밥 속의 콩을 골라내며 밥상 위에 쌓으며 딴짓하는 저를 엄마는 혼내셨지요. 두 분의 말다툼 밥상?

"애가 콩 안 먹는 거 알면서 콩을 왜 줘서 밥 먹다 딴짓하게 해?"

"애가 편식이 심해 자주 아프니 건강하라고 콩을 준 게 왜 잘못이에요?"

두 분의 언성이 높아지면 제 마음은 쪼그라들어 세 숟갈은 먹어야 하는데 넘어가지 않는 밥을 넘기려고 30분 동안 입안에서 뱅뱅 굴리던 밥 한 숟갈.

어린 시절, 아침 밥상은 왜 그리도 힘든 밥이었을까요?

그러니 어찌 보면 이 모든 것은 오늘의 이 순간을 위한 전조증상이었을까요?

지나고 보니 모든 것이 감사입니다
감사하니 감사한 일이 많이 생겨 더 감사해요

밥을 먹는 순간조차도 삶을 성찰하고, 마음을 나누고, 표현하고 싶은 갈망이 있었던 것 같습니다. 그런데 그 알아차림을 위해 20여 년이라는 시간이 걸렸습니다. 처음의 시작은 혼자였지만 늘 함께해준 고운 분들, 함께 이 길을 걸어와 주신 동지들 덕분에 제가 여기까지 올 수 있었습니다. 마음속에 품은 뜻은 반드시 피어난다는 평범한 진리를 다시 한 번 깨닫게 하는 이 시간에 감사합니다. 긴 시간 함께 한 동지들과 질문 하나를 붙잡고 써내려간 이 책은, 한 편의 기록이자, 한 송이의 인생꽃입니다.

 살아온 길을 돌아보니 사랑으로, 열정으로, 기다림과 진심으로 우리는 서로의 계절을 견뎌내며 작은 꽃들을 피워왔습니다.

 붉은 용과 위에 고추를 얹어 뉴튼의 사과를 표현했습니다. 그 위에 새긴 알파벳 'N'과 'T'는 세상의 원리를 발견한 뉴튼처럼, 우리 삶에서도 새로운 창의적 통찰, New Therapy가 필요함을 상징하기도 합니다. 그 아래엔 푸놀치의 약자, 'P.N.C.' 나는 믿습니다. 사람의 마음도 만유인력처럼 사랑과 감성, 예술의 힘으로 서로를 끌어당길 수 있다고.

 푸놀치는 단순한 표현예술이 아닙니다. 그것은 감각으로 표현하고, 마음으로 나누고, 삶을 예술로 피워내는 새로운 치유의 언어입니다.

 너, 밥 먹다 뭐하니?"

 이 질문은 이제 누군가의 마음에도 머물게 될듯합니다. 어떤 분은 웃으며 이 책을 덮을 테고, 또 누군가는 잠시 멈추어 자신의 식탁을 바라볼 것입니다. 그리고 어쩌면 지금 바로 손끝으로 자신의 마음을 표현해보고 싶어질지도 모르지요.

이 책을 통해 저는 삶을 치유하는 예술인 푸놀치로, 자신을 돌보는 연습으로, 사람 사이의 공감으로, 그리고 꿈을 피워내는 비전으로, 일상에서 밥상을 마주하며 하나의 '살림의 여정'을 이야기하고 싶었습니다. 우리는 모두 자신만의 리듬과 감각, 감정과 이야기를 가지고 살아갑니다. 그리고 이 모든 것은, 누구나 표현할 수 있는 우주와 소통하는 창조적 예술의 씨앗이 되기도 합니다. 제가 좋아하는 지금은 하늘나라에 계신 나탈리 로저스 선생님은 창조적인 것은 치유적이라고 말했습니다. 저는 밥 먹다 잠시 멈춘 그 5분으로 저의 삶을 건강하게 치유시켰고, 이제는 누군가의 삶도 아름답게 건강한 삶으로 변화되는 치유밥상이 되길 희망합니다.

밥 먹다 표현한 푸놀치 마음여행이 누군가에게 위로가 되고, 또 다른 사람에게는 희망이 되고, 결국엔 이 세상이 조금 더 건강하고 아름답게 변화되기를 저는 소망합니다. 이것이 이 책을 통해 여러분에게 전달되길 바라며 이 글을 시작하려고 합니다.

푸놀치는 당신을 치유의 길로 초대하는 것이 아니라, 이미 당신 안에 있는 치유성을 발견하고, 그것을 세상과 나누게 하는 예술입니다. 밥을 먹으며, 밥을 다 먹고 난 후, 당신의 삶 속에서 어떤 이야기가 펼쳐지길 원하나요?

오늘도 몸과 마음, 세상을 살리는 하루 5분, 치유의 밥상 위에서, 당신만의 푸놀치가 아름답게 피어나기를 바랍니다.

다양한 삶이 꽃피는 모습

푸놀치 : 푸드표현하고 놀면 치유의 기적이!

매일 밥상 앞에서 푸놀치를 했던, 이 경험은 저를 치유할 뿐만 아니라, 새로운 삶의 여정을 시작하게 했습니다. 『너, 밥 먹다 뭐하니?』는 바로 그렇게 탄생한 책이지요. 혼자 하던 푸놀치 치유 밥상의 놀이와 표현은, 20여 년간 푸드표현예술치료를 혼자 하던 연구에서 동료들과 함께하며 더욱 깊이 발전할 수 있었습니다. 그리고 이제는 세상 사람들과 공감할 수 있는 생활 속 치유 테라피로 재탄생하게 되었습니다.

푸놀치는 **푸드표현예술치료**(2019 창지사)에서 파생한 새로운 이름입니다. '**푸**. 푸드표현하고 **놀**. 놀면 즐거움이, 기쁨이, 행복이 **치** 치솟아요. (또는, **푸드**표현하고 **놀**면 **치**유의 기적이라는 의미를 담은 한글의 앞머리 글자를 딴 신조어)'라는 의미를 가지고 있습니다. 일상에서 자주 만나는 음식 재료를 통해 나를 표현하고, 나를 발견하며, 나를 돌보는 새로운 방식의 표현예술입니다. 내가 무의식적으로 선택한 음식은 나의 감각 표현으로 무의식에 잠겨있던 감정을 드러내고 발견하게 하며, 조형활동을 통해 형상화된 푸놀치 마음밥상은 내 이야기가 펼쳐지는 예술적 치유 공간이 됩니다.

무얼 먹을까? 치유 밥상으로의 연결

"지금 무얼 먹을까?" 좋은 친구와 함께 만나거나 때로는 기운이 처질 때 우리는 기운을 솟아나게 하는 어떤 선택을 음식을 통해 하기도 하지요. 오늘 나는 어떤 기분이고, 무엇을 원하는지 잠시지만 자신을 탐구하는 과정이기도 합니다. 어떤 순간은 그 마음이 담긴 푸드표현 활동사진들을 주변의 지인들에게 전달하기도 하지요. 창의적 표현을 담아 행복 샐러드를 만들어 먹고, 주위의 친구들에게 전달하면서 푸놀치는 단순한 음식이 아닌 사랑의 배달꾼이 됩니다. 그 속에 담긴 저의 감각을 통해 피어난 정체성과 감정, 그리고 제가 중요하게 여기는 가치가 담기기도 합니다. 이 책을 통해 이 시대를 살아가는 젊은이들과도 소통이 되었으면 좋겠습니다. 음식 표현이 그들 스스로를 알아차리게 하는 수단이 되고, 삶의 방향을 찾아가는 데도 도움이 되길 바라봅니다. 푸놀치는 밥상 앞에서 자신의 정체성과 감정을 만나게 하는 친숙한 도구로 삶을 예술로 승화시키도록 돕는 좋은 도구가 될 수 있습니다.

창조성을 솟아나게 하는 푸놀치 마음소풍

K-Therapy로의 초대

세계는 지금 K-POP, K-Drama, K-Food, K-Culture로 주목받고 있습니다. 이런 새로운 흐름과 함께 앞으로는 푸놀치가 K-Therapy, K-Education, K-Healing으로 주목받게 되지 않을까 기대합니다. 푸놀치는 한국의 정서와 인간중심표현예술, 뇌과학, 긍정심리학이 융합된 독창적인 표현예술치료입니다. 밥상이라는 친숙한 공간에서 시작된 이 치유의 여정은 음식과 감정을 통해 우리의 삶에 특별한 변화를 가져다줍니다.

"너, 밥 먹다 뭐하니?" 이 질문은 단순히 어떤 음식을 먹고 싶은지 묻는 말이 아닙니다. 이 질문은 당신이 누구인지, 무엇을 느끼는지, 그리고 무엇을 원하는지를 묻는 초대장입니다. 밥상 위에서 나를 만나는 특별한 여정, 하루 5분, 밥상 위의 심리학. 지금 당신도 시작해보세요.

당신의 밥상에는 어떤 이야기가 담겨 있나요?

이 책이 그 답을 찾아가는 데 함께하길 바랍니다.

집중과 몰입 속에 우리 뇌에서는 세로토닌, 도파민과 같은 신경전달 물질이 만들어지고 행복한 삶의 연주를 시작한다.

나는 꽃이다. 아니, 나는 꽃보다 더 아름다운 한 사람이다.

나는 나를 먹었다. 기분이 좋다. 나는 소화시키며 날마다 점점 더 건강하게 변화하며 튼튼해지고 있다.

밥 먹다 뭐하니? 희망꽃을 피우는 중　　　희망꽃을 먹고 있어. 힘내!

　이 책, 밥상 위에 놓인 우리의 이야기를 통해, 자신을 더 깊이 이해하고 사랑하는 과정이 되시길 바랍니다. 음식을 먹는 단순한 행위를 넘어, 당신의 삶과 마음을 탐구하며 푸놀치 마음여행이 주변 사람들을 사랑의 눈으로 바라보는 행복한 여정이 되신다면 참 기쁘겠습니다.

　1장과 2장에는 나를 만나 돌보고 토닥토닥 치유하는 이야기가 펼쳐집니다. 3장과 4장, 5장은 너와 우리를 만나 치유의 밥상을 차리는 공감의 장이 펼쳐집니다. 나에게서 시작된 마음치유 여정이 가까운 가족에게로 주변 사람들에게 퍼지는 마음여행이 시작됩니다.

　6장과 7장은 다시 꿈을 꾸고 펼쳐가는 삶의 의미를 다루는 영적 성장을 걷는 장입니다. 1장부터 7장으로 구성되어 있지만 이 책을 손에 든 독자들은 마음이 끌리는 곳부터 시작하시면 됩니다.

　피곤에 지친 어느 날 활자보다는 푸놀치 작품을 바라보는 것만으로도 마음이 밝아진다면 우리 작가들은 큰 기쁨이 될 것 같습니다.

　"너, 밥 먹다 뭐하니?"라는 질문에 대한 당신의 답은 무엇인가요?
　이제, 밥상 위에서 나를 찾아가는 여정을 시작해볼까요.

자타르타에서 아침 산책을 하며 푸놀치 마음 꽃을 피우다.
20여 년의 건강하고 아름다운 세상을 만들고자 하는 염원에
푸놀치 마음꽃이 온 세상에 피어나길 소망하며
감사한 마음을 담아 표현해 본 푸놀치

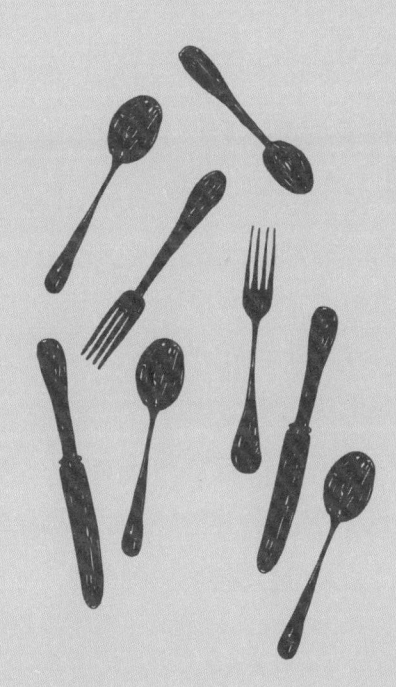

차례

- 추천의 글   6
- 시작하는 글   7

1장 치유의 시작은 나를 마주하는 순간부터   24

- 소박한 아름다움을 가꾸는 중이에요   26
- 소중한 동반자, 나를 만나고 있어요   28
- 긍정 정서 훈련 중이에요   30
- 위트 있는 나를 만나 반짝이는 중!   32
- 자기 사랑을 더 많이 하는 중이고요   34
- 내 안의 강인함을 끄집어내는 연습 중입니다   36
- 세상을 녹이는 사람이 되어보려는 중   38

2장 토닥토닥~ 나를 챙기고 돌보는 중이에요   42

- 나, 너, 우리 모두에게 표창장을 전하는 중이에요   44
- 세상을 사는 지혜를 만나려고 해요   46
- 엄마도 뿔난다, 내 안의 화를 만나고 있어요   48
- 인생을 끝까지 항해하게 하는 회복력 트레이닝중이죠   50
- 잠시 일에서 로그아웃하고 힐링해요   52
- 중용의 미덕을 발휘해 보는 중이에요   54
- 원하는 것을 얻기 위해 참고 인내하는 법을 배워요   56

3장 서로를 바라보는 눈빛 - 공감과 성찰   60

- 사랑의 수호천사와 데이트 중이랍니다   62
- 복을 부르는 박장대소, 하하하하~   64
- 내 안의 다양한 나를 만나는 중이죠   66
- 마음의 근육 단련 중입니다   68
- 말이 씨 되는 것 보는 중인데요   70
- 인생 협력자를 만나는 중이에요   72
- 선한 에너지를 순환시키는 중입니다   74
- 무한 신뢰감을 주고받는 중이에요   76

4장 자기성찰을 통한 마음의 꽃을 피우는 중이랍니다   80

- 내 안의 화를 꽃으로 피우는 중이에요   82
- 당당한 굴토끼가 되어 뛰는 중입니다   84
- 힘내라 힘! 나를 응원하고 있어요   86
- 새로운 관점으로 바라보기 해요.   88
- 말로 춤추는 유머를 연습해 보아요   90
- 서로를 잇는 다리, 나를 개방하는 중입니다.   92
- 내 안의 두려움을 깨뜨리고 있어요   94
- 좋은 습관을 들이는 중이에요   96
- 내 삶의 활력인 작은 천사들과 놀고 있어요   98

5장 본래의 사랑으로 치유의 식탁을 차리는 중이에요　102

- 우주의 중심이 되어보는 중입니다!　104
- 세상의 이치를 아는 지혜, 내려놓기 연습해요　106
- 세상에서 가장 이기적인 행위, 용서를 배우는 중입니다　108
- 끝까지 함께 동행하려고요　110
- 나의 별이 반짝이고 있어요　112
- Becoming Love! 사랑이 되어가는 중이에요　114
- 중심을 보는 눈, 혜안을 배우는 중입니다　116

6장 태초의 나로 돌아가 껍질을 벗는 중이에요　120

- 맛과 미의 조화를 펼쳐보는 중 – 평온함과 따뜻함　122
- 홀딱, 껍질을 벗고 나를 드러내는 중이죠!　124
- 실존적 공허함 속에 빠져들고 있어요　126
- 천천히 사는 여유, 음미하는 중입니다!　128
- This is me! 이런 나를 만납니다　130
- 다양성을 받아들이는 다름, 존중을 배워가요　132
- 선택의 자유를 누리는 중이죠　134
- 햇살처럼 빛나는 나와 데이트 중입니다　136

7장 내면에서 피어나는 꿈을 실현시키는 중   140

- 또다시 꿈을 띄우는 중입니다   142
- 쉼표, 그리고 꿈틀, 느릿느릿 나만의 길을 가고 있어요   144
- 인생 3라운드를 항해합니다   146
- 신비로운 생명체와 만나고 있어요   148
- 아버지가 심은 사랑의 결실을 따는 중입니다   150
- 드넓은 세상으로 나아가는 중입니다   152
- K-T로 전 세계를 향해 날아가는 중입니다
  K-Therapy & K-Healing, PuNolChi   154
- 나의 사명, 푸놀치 세상을 만나는 중이랍니다   156

- 글을 마무리하며   160
- 감사의 글   163

1장

치유의 시작은 나를 마주하는 순간부터

"하하하, 사랑으로."
굴의 달콤함처럼 작고 따뜻한 순간, 미소가 마음을 웃게 합니다.
2024년을 시작하며 웃음으로 행복을 열어가는 푸놀치 마음소풍.
하나하나 행복을 상징하는 세잎클로버를 만들며, Hahahaha
나를 마주하는 행복한 웃음이고, 나를 돌보는 시간이며
나를 향한 따뜻한 위로입니다.
푸놀치의 치유는 복잡한 이론이 아닌 이런 단순한 표현에서 시작됩니다.
내 감각을 깨우고, 내 마음을 조용히 안아주는 그 순간,
'나를 마주하는 지금 이 시간'이 치유의 시작입니다.
하루 5분, 밥상 앞에서 자신을 어루만지는 식탁 위의 심리학
지금 시작해보세요.

붉은 용과 위에 고추를 얹어 뉴튼의 사과를 표현했다. 그 위에 새긴 알파벳 'N'과 'T'는 NewTon 또는 New Therapy를 의미하며, 세상의 원리를 발견한 뉴튼처럼, 우리 삶에서도 창의적 통찰이 필요함과 새로운 치유 장르인 푸놀치를 상징한다. 푸놀치의 약자, P.N.C. 나는 믿는다. 사람의 마음도 만유인력처럼 사랑과 감성, 예술의 힘으로 서로를 끌어당길 수 있다고. 푸놀치는 단지 푸드표현예술이 아니다. 그것은 감각으로 표현하고, 마음으로 나누고, 삶을 예술로 피워내는 K-Therapy. 새로운 치유의 언어이다.

1. 소박한 아름다움을 가꾸는 중이에요
2. 소중한 동반자, 나를 만나고 있어요
3. 긍정 정서 훈련 중이에요
4. 위트 있는 나를 만나 반짝이는 중!
5. 자기사랑을 더 많이 하는 중이고요
6. 내 안의 강인함을 끄집어내는 연습 중입니다
7. 세상을 녹이는 사람이 되어보려는 중

01 소박한 아름다움을 가꾸는 중이에요

나는 화려하진 않지만 소박한 아름다움을 지닌 사람이다.
나의 함박웃음을 사랑하며, 순수한 마음으로 나 자신을 아낀다.
예순을 앞둔 지금도 꽃봉오리처럼 피어나려 노력하며,
사람들과 교감하고 나누는 삶을 살아간다.
나는 이런 내가 좋다.

소박한 아름다움

내 안에 춤추는 소녀다운 감성을 깨우는 시간

나는 언제나 변함없는 마음으로 사람들을 대하려 노력한다. 나의 스승이자 도반인 치유산타는 나의 별칭을 '한결같은 민주'라는 별칭으로 부른다. 20년 가까운 세월을 그녀와 함께 걷고 있다. 그 말처럼 나는 뚝심 있게 끝까지 해내려 애써왔다. 화려하진 않지만 상담심리를 공부하며 사물의 본질을 바라보고, 그 안에서 참된 자아와 만나는 기쁨을 누려왔다. 요즘은 손녀들을 돌보며 새로운 도전에 대한 욕심보다, 지금 이 순간에 머물러 할 수 있는 일에 감사하며 산다. 소박하고 단순한 일상이지만 그 안에서 작은 아름다움은 여전히 화사하게 피어난다.

그것이 내가 살아가는 방식이며, 나다운 삶이다.

일상의 소박한 순간 속에서 나는 나를 만나고,
그때마다 내 안의 아름다움은 조용히, 그러나 환하게 피어난다.

 02 소중한 동반자, 나를 만나고 있어요

길이 달라도, 속도가 달라도
온전한 나와 함께 있는 순간은 따뜻하고 든든하다.

우리는 각자의 길을 걸으며 작은 행복을 엮어가고 있습니다.
오늘도 함께 걸어가는 당신과 나,
우리는 하나뿐인 특별한 존재입니다.
사랑합니다.

당신의 가장 소중한 동반자 '나!'

자기를 먼저 칭찬하고 격려해보세요

초등학생들과 푸놀치 수업 시간 아이들에게 물었다. "너희에게 가장 큰 도움이 되는 건 뭐니?" 대부분은 부모님, 친구, 선생님을 이야기했지만, 한 학생이 환하게 웃으며 말했다. "저요! 저 자신이요."

순간 마음이 뭉클해졌다. 사실 우리가 살아가는 데 있어 가장 소중한 동반자는 바로 '나 자신'이기 때문이다. 그런데 우리는 자주 그 사실을 잊는다. "나는 왜 이것밖에 못 할까?", "다른 사람들은 잘하는데 왜 나는 항상 부족할까?"와 같은 말로 스스로를 다그치고 상처 내곤 한다.

그럴 때 마음속에 이렇게 속삭여 보자.

"괜찮아, 넌 충분히 잘하고 있어."

"나는 나를 믿고 사랑해."

"나는 언제나 나의 가장 든든한 친구야."

자신을 사랑하고 지지하는 마음은 삶의 여정을 함께 걸어갈 든든한 힘이 된다. 그 아이가 말한 것처럼, 결국 내 삶을 끝까지 함께할 사람은 바로 나 자신이다. 그러니 나를 아끼고 사랑하는 일, 그것이야말로 가장 중요한 출발점이 아닐까.

Love yourself.

Be your best companion.

나는 오늘도, 나라는 가장 소중한 친구를 믿고 응원한다.

03
긍정 정서 훈련 중이에요

새로움에 마음을 열 때, 나는 한층 넓어진다.
만족할 줄 알기에 내 하루는 편안하다.

과일을 먹으면 껍질은 흔히 버려지지만, 그 안에도 귀한 쓰임이 숨어 있다.
지금은 드러나지 않을 뿐, 세상에 필요 없는 것은 없다.
조금만 다른 눈으로 바라보면 버려진 것들도 새로운 의미로 되살아난다.
그 사실을 깨닫는 순간, 마음은 충만해지고 기분은 환해진다.

만족함

**나는 언제든,
새로움에 대해 나 자신을 개방하고 편안하게 열어 놓는 사람.**

긴 인생길을 살다 보면 뜻대로 되지 않을 때가 많다. 그래서 옛 어른들은 인생을 고행이라 했는지도 모른다. 하지만 태어나 무덤까지 이어지는 길을 힘겹게만 가기보다는 즐겁고 기쁘게, 행복하게 걸을 수 있다면 얼마나 좋을까.

누구나 행복을 원하지만, 정작 어떻게 살아야 행복한지 알기 어려울 때가 많다. 그럴 때 나는 행복을 평생 연구한 이들의 지혜를 찾았다. 놀랍게도 그들의 대답은 단순했다. "행복은 긍정을 연습하는 것이다."

그래서 나는 매일 나에게 긍정을 먹이고, 마음에 새기며 살아가고 있다.

나는 만족감을 누리는 사람이다.
나는 감사하는 사람이다.
나는 행복을 요리해 먹는다.
나는 나의 감정을 조절할 수 있는 사람이다.
나는 내가 대견하다고 나를 칭찬할 수 있는 사람이다.

04 위트 있는 나를 만나 반짝이는 중!

"오늘도 나, 이렇게 위트 있게 잘 살아있다!"

불쑥 튀어나온 눈, 정면을 응시하는 입.
왠지 모르게 '나 괜찮아, 웃기고 멋져!' 하는 듯하다.
오늘 하루, 나도 이렇게 유쾌하게 나를 믿고 웃어 볼래요.

다름에 대한 이해

세상은 넓고, 성격도 다양합니다. 그래서 우리는 서로 다름에 대한 이해가 필요하지요.
가끔은 낯선 상황이 나의 표정과 감정을 당황하게 만들 때가 있지요.
익숙하지 않은 환경과, 내가 알던 방식과는 조금 다른 사람들의 모습들….
그럴 땐 움츠러들기보다 이렇게 말해보고 싶어요. "아, 세상엔 다양한 마음 색깔도 있구나."
이 접시 위 '다른 색 얼굴'처럼, 사람도 성격도 다 다른 맛과 결을 지녔지요. 서로의 다름을 받아들이는 순간, 우리는 더 따뜻하고 포용력 있는 사람이 되는 것 같아요.

이 얼굴을 보며 잠시 자신과 대화해 볼까요?

"나는 어떤 마음색으로 살아가고 있지?"
"다른 색과 함께 어우러지는 나의 모습은 어떤가요?"
"혹시, 나는 다른 피부색을 가진 사람처럼 마음색도 다르다고 차별하고 있지는 않나요?"
이렇게 살며시 나를 돌아봅니다.

**지금 이 순간, 나는 나의 위트와 재치를 발휘하며
다름을 이해하는 하루를 보낼 수 있을지 스스로에게 물어봅니다.**

1장 치유의 시작은 나를 마주하는 순간부터 · 33

05
자기 사랑을 더 많이 하는 중이고요

"자신을 사랑할 때, 그 긍정의 힘이 어떤 어려움도 치유하고 이겨 내게 한다."

분홍색의 둥근 접시는 나의 커진 마음.
그 위에 놓인 작은 사랑의 나무들은 감사의 마음이다.
감사할 사람도, 감사한 일도 많아 나는 참 다행이다.
지금 이 순간에 대해 감사가 내 마음을 넓히고 나를 긍정으로 이끈다.
모든 것이 진심으로 고맙다.

자기사랑

나는 나 자신을 잘 돌보며 나를 사랑하고 배려하는 사람입니다.

9년 전 미열로 시작된 건강의 적신호는 뇌동맥류, 간 이상, 무릎 수술로 이어졌다. 심리적 불안과 절망감은 나를 위축시켰고, 나는 엄마도, 선생도, 상담사도 잠시 내려놓아야 했다. 대신 하루 한 번, 나를 돌보는 시간을 나 자신에게 선물했다.

푸놀치 활동을 통해 스스로와 마주하는 경험은 몸과 마음을 회복시키는 힘이 되었다. 푸드표현 활동을 하며 자기치유와 돌봄을 경험하면서 불안과 절망이 절망은 줄어들었고, 현재의 순간에 대한 감사와 만족은 더욱 커졌다. 돌아보면 나는 늘 역할에 충실한 나로 살아온 것 같다. 이제는 성숙한 어른은 스스로를 돌볼 줄 아는 사람임을 알기에, 나를 더 사랑하고 보살피며 오늘도 나 자신을 돌본다.

나는 나를 사랑합니다.
나는 지금 이대로도 충분합니다.
나는 내 삶에 흐르는 사랑의 에너지를 느낍니다.
나는 피곤할 때 나를 놓아줍니다.
나는 아무것도 하지 않는 나를 사랑합니다.
나는 나를 사랑하고 긍정적으로 생각하고 자기사랑을 행동으로 실천하는 사람입니다.

06
내 안의 강인함을 끄집어내는 연습 중입니다

"삶은 스키처럼, 미끄러져도 다시 중심을 잡으면 된다."

힘든 날이면 나를 먼저 살핀다.
돌봄 속에 번지는 피로도 있지만,
중심을 잡고 다시 웃는 나를 만나게 된다.

나는 나를 믿는 사람입니다. 그래서 강인합니다.

묵묵한 강인함

요즘 딸의 복직으로 손주들과 많은 시간을 보낸다.

아이들은 너무 사랑스럽지만, 함께 놀아주다 보면 몸도 지치고, 때로는 마음까지도 조금 무거워질 때가 있다. 그럴 때, 나는 다시 '밥상 위의 심리학'을 펼친다.

냉장고 속 채소들로 작은 작품을 만들다 보면, 지친 마음이 풀리고 새로운 기쁨이 피어난다. 오늘은 스키 타는 세 사람을 만들었다. 그 모습은 손주들 같기도 하고, 바쁜 일상에서 잠시 벗어나 바람을 가르며 스키를 타고 싶은 내 마음의 풍경 같기도 하다.

한때 똥 손이라 여겼던 손이 이제는 마음을 표현하는 매직 핸드가 되었다. 돌아보면 인생은 늘 반복되는 것 같지만 그 속에 늘 새로운 기회와 기쁨이 숨어 있었다.

딸의 출근길을 보며 나의 젊은 날이 떠오른다. 그 시간을 묵묵히 견뎌온 나 자신에게 다시 한 번 말한다.

"민주야, 너는 정말 강인한 사람이야. 그 묵묵한 마음이 너를 더 깊고 아름답게 만든단다."

오늘도 나는 삶의 스키를 타고, 조용히 중심을 잡아 나아가는 사람이다.

07
세상을 녹이는 사람이 되어보려는 중

"세상이 차가워도, 나는 웃으며 녹이는 사람이 되고 싶다."

눈발이 세차게 날리는 창밖을 바라보며 눈사람을 만들고 싶었다. 평범한 눈사람 대신 웃음을 주는 눈사람을 만들고 싶어 올라프를 표현했다. 엉뚱하지만 솔직하게 감정을 드러내며, 유쾌하게 살아간다면 어떨까?

낙관성

올라프처럼 엉뚱하면서도 유쾌하게 살아간다면?

세상에는 늘 바람이 불고, 때로는 눈보라처럼 힘든 일이 몰아치기도 한다. 그럴 때 우리는 무거워지고, 마음이 꽁꽁 얼어붙는다. 그런 날이면 나는 마음속에 올라프를 떠올린다. "내 코는 어디 갔지?" 하면서도 웃음을 잃지 않고, 엉뚱하고 솔직하게, 자신을 표현하는 눈사람. 올라프는 감정을 억누르지 않는다.

행복하면 방방 뛰고, 슬프면 엉엉 울고, 무서우면 솔직히 말한다. 그 모든 모습이 사랑스럽고 멋지다. 낙관성이란 무조건 웃는 것이 아니다. 감정을 부정하지 않고, 그 너머의 가능성을 믿는 태도다.

"지금은 춥지만 곧 봄이 올 거야."
"이 일은 힘들지만 분명 배울 게 있을 거야."
이런 생각이 나를 무너지지 않게 한다.
오늘, 내 마음의 눈보라 속에서 나는 말해본다.
"괜찮아, 나는 올라프처럼 살아볼래. 조금 엉뚱해도, 오늘도 웃을 거야."

흔들려도 괜찮다. 오늘의 나로, 나답게 살아간다.

마음 쉼표 : 잠시 멈춰 나를 보다

"나 그리고 나"

바쁘게 흘러가는 하루, 나는 얼마나 자주 나에게 말을 걸었을까요?
내 안의 진짜 나와 마주하는 순간, 치유는 고요하게 시작됩니다.
지금, 토닥토닥 나를 돌보며 내 마음을 잠시 만나보는 시간 어떠세요?

내 안의 진정한 나를 마주하는 그 순간, 치유가 시작됩니다

나를 마주하는 마음 쉼표, 요즘 나를 어떻게 돌보고 있나요?

1. 요즘 나에게 자주 떠오르는 단어는 무엇인가요?
   그 단어에 내 마음이 어떤 의미를 담고 있는지, 한번 곱씹어 보세요.

2. "내가 진짜 나다웠던 순간"을 떠올려 보세요.
   그 순간의 나는 어떤 표정, 어떤 말, 어떤 선택을 했나요?

3. 내 안에서 가장 따뜻한 감정이 피어오를 때는 언제인가요?
   그 따뜻함은 무엇을 통해 나에게 전해졌나요?
   사람, 자연, 음식, 말 한마디일 수도 있어요.

4. 나는 요즘 나를 어떻게 돌보고 있는가?
   음식, 쉼, 말, 잠, 일상 속 작은 선택들을 돌아보며 점검해 보세요.

5. 돌봄은 곧 사랑의 또 다른 이름일 수 있어요.
   지금 내 안에서 '피어나고 있는 것'은 무엇인가요?
   감정일 수도 있고, 새로운 시선이나 아직 말로 표현되지 않은 희미한 가능성일 수도 있겠지요.

_____

_____

2장

토닥토닥~ 나를 챙기고 돌보는 중이에요

우리는 종종 내 안의 거대한 가능성과 아름다움을 잊고 살아갑니다.
스스로를 작게 여기며, 이미 가진 생명의 힘마저 꺼내지 못한 채 말이지요.
하지만 밥상 앞에서 오감을 여는 순간, 푸놀치는 이렇게 속삭입니다.
"당신 안에 이미 충분한 사랑이 빛나고 있어요."라고.
오감을 깨우며, 손끝으로 펼치는 창의적 표현을 통해
지금 이 순간의 '나!'를 만나게 될 때,
본래의 나, 거대한 자신이 조용히 깨어납니다.

이 작품은 아름다운 제자의 손끝에서 시작되었고,
그 마음 위에 제 마음이 더해졌습니다.
표현은 그렇게 창조적 연결이 되어 치유와 성장의 마음여행이 되었지요.
우리 모두는 자신의 손끝으로 자신을 돌봐줄 수 있어요.
지금, 그 회복의 손길을 자신에게 건네 보세요.

　파프리카 속 작은 씨앗 하나가 세상을 향한 꿈이 되어 가듯 푸놀치가 세계로 퍼져가는 모습을 담았다. 이 씨앗은 산타의 마음속 소망이었고, 그 소망은 푸놀치 마음소풍이라는 이름으로 자라나 K-Therapy(K-T)로 세계를 향해 뻗어가고 있다. 보이지 않던 내면의 감정들이 푸드표현예술로 피어나고, 스파게티 면 사이의 하트모양 사랑들이 빛이 되어 온누리에 퍼져 나가고 있다. 세상이 하루 5분 마음밥상 앞에서 서로를 어루만지며, 마침내 조금씩 건강하고 아름답게 변화하고 있다. 산타는 오늘도 한 송이 마음꽃을 피우며, 푸놀치가 사람들 마음속에 사랑의 햇살이 되기를 소망한다.
　언제 어디서나 조용히, 자신이 할 수 있는 만큼만 해내면서!

1. 나, 너, 우리 모두에게 표창장을 전하는 중이에요
2. 세상을 사는 지혜를 만나려고 해요
3. 엄마도 뿔난다. 내 안의 화를 만나고 있어요
4. 인생을 끝까지 항해하게 하는, 회복력 트레이닝 중이죠
5. 잠시 일에서 로그아웃하고 힐링해요
6. 중용의 미덕을 발휘해 보는 중이에요
7. 원하는 것을 얻기 위해 참고 인내하는 법을 배워요

01
나, 너, 우리 모두에게 표창장을 전하는 중이에요

"오늘도 잘 살아낸 나에게, 자연이 상을 줍니다."

황금사과 껍질과 당근꽃, 자연이 만든 표창장이
접시 위에 화사하게 피어났습니다.
오늘도 최선을 다한 나에게 따뜻한 상을 건넵니다.

오늘도 참 잘했어요~^^

아침 식사를 준비하던 평범한 순간, 황금빛 사과 껍질과 당근 한 조각이 내 손에서 꽃처럼 피어났다. 접시 위에 조화롭게 놓인 재료들은 마치 매일을 묵묵히 살아낸 나에게 조용히 건네는 표창장 같다.

자연은 언제나 꾸밈없이, 정직하게 그 모습 그대로 참 아름답다. 그 재료들이 내게 말을 건네는 듯한 아침, 움직이는 손끝에서 마법 같은 표현이 피어난다.

"오늘도 참 열심히 잘했어요. 너의 마음, 정성, 삶의 태도가 참 예쁘다."

이건 누가 만들어준 상장이 아니다. 내가 나에게 주는 '마음의 상장'이다. 힘들어도 멈추지 않았고, 지쳤지만 정성스레 나와 가족을 위한 아침을 준비한 나에게 자연이 미소 지으며 주는 선물 같다. 꽃 한 송이를 건네받은 듯 미소 짓는 나.

**우리 함께 매일의 접시 위에 이런 상장 하나씩 받아보면 어떨까요?
우리는 그럴 자격이 충분하니까요.**

02 세상을 사는 지혜를 만나려고 해요

"별도, 욕심도 적당히 낚아야 진짜 나의 것이 된다."

내가 원하는 걸 다 낚고 싶어
망망대해, 우주를 향해 낚싯대를 던졌다.
하지만 지나친 욕심은 결국 나를 지치게 한다.
이젠, 나에게 꼭 필요한 별만 낚아야 할 것 같다

나를 위한 균형

우리 마음속에는 누구나 "더, 더 많이"를 외치는 욕망이 있다. 더 많은 인정, 더 좋은 결과, 더 완벽한 모습…. 욕심은 별처럼 반짝이지만, 끝없이 따라가다 보면 어느새 방향도, 힘도 잃고 만다.

그럴 땐, 지금 내게 필요한 것이 무엇인지, 스스로에게 다시 물어보는 연습이 필요하다. 오늘 나는 내 안의 욕심을 시각화하며 별을 낚는 낚시꾼을 표현해보았다. 무한한 우주처럼 펼쳐진 가능성 속에서 모든 욕망을 이루기 보다, 한 걸음 멈추고 '적정함'을 선택하는 지혜, 그것이야말로 세상을 살아가는 힘, 자기조절이 아닐까.

자기조절은 나를 제한하는 것이 아니라, 가능성을 더 오래 지속하게 해주는 선택이다. 모든 것을 가질 수는 없지만, 진짜 소중한 별 하나를 차분히 낚아 올릴 수 있다면 그 하루는 이미 충분히 빛나는 날이다.

**오늘도 나는 내 마음의 낚싯줄을 적당히 조절하며,
나를 위한 균형을 배워간다.**

03 엄마도 뿔난다, 내 안의 화를 만나고 있어요

"나는 오늘도 태연한 얼굴로, 속은 뜨겁게 열정으로 끓고 있다."

나는 시설의 대표이지만, 한 사람의 엄마이고, 아내고
그냥 나이기도 하다. 때론 뿔나도 괜찮다.
오늘도 나는 균형을 연습하는 중이니까.

정직한 나의 뿔

엄마도 뿔날 수 있지. 크래커처럼 단단히 감싸진 얼굴, 팝콘처럼 부풀어 오른 감정, 스팀처럼 솟아오르는 라면 머리카락. 이건 누가 봐도 '엄마가 뿔났다'는 표정이다. 그런데 그 뿔난 얼굴이 너무 귀엽고 진솔해서 슬며시 웃음이 난다.

나는 국공립어린이집 원장이다. 겉으론 언제나 태연한 얼굴, 아이들 앞에선 유연하고 밝은 모습을 보여야 한다. 하지만 최근 힘든 일정과 반복되는 업무에 내 속은 이미 한참 전부터 뜨거워지고 있었다. 작품 속 빨간 눈은 이미 화가 났고, 초록 눈은 애써 균형을 잡으려 한다. 두 눈이 따로 노는 모습이 어쩌면 지금 내 감정의 진짜 풍경인지도 모른다. 이 작품을 표현하고 나서야, 내 안에 머물던 감정들이 다가오기 시작했다.

나는 현실을 받아들이고, 감정을 절제하며 부드럽게 표현하려 노력하는 사람이다. 그리고 그 안에서도 나만의 중심을 지키려 애쓴다. '그래, 나도 때로는 뿔날 수도 있지.' 하지만 그 속에서도 나는 균형을 찾고, 누군가를 위해 여전히 따뜻한 나무로 서 있을 줄 아는 사람이니까.

오늘, 이 표현은, 분노 속에서도 웃음을 잃지 않으려는 리더, 엄마, 아내 그리고 '나'의 정직을 보여주는 용기 있는 기록이다. 나는 매 순간 깨어 있으려 노력하는 성숙한 리더이다.

**나는 균형을 잡고, 누군가를 위해
여전히 따뜻한 나무로 서 있을 줄 아는 사람입니다.**

04
인생을 끝까지 항해하게 하는 회복력 트레이닝 중이죠

일곱 번 넘어져도 울지 말고 일어나…
혹시 우리 모두가 개구리 왕눈이?

오이는 상큼하고 고추는 맵다.
하지만 두 맛이 어우러지면 입맛을 자극하는 절묘한 맛이 된다.
삶에도 상반되는 경험이 공존한다.
그 속에서 자신만의 꽃을 피우고, 호박처럼 크기를 가늠할 수 없는
열매를 맺어가는 것이 바로 회복력이다.

성 장

**어떤 힘든 상황이라도 결국 지나간다.
나는 이 경험을 통해 성장하고 배울 수 있다.**

사람들은 누구나 행복을 원한다. 하지만 그 길에는 아픔과 고통이 함께한다. 나 역시 초등학교 시절 자전거를 배우며 수없이 넘어지고, 무릎이 까지고, 진흙투성이가 되어 좌절하기 일쑤였다. 포기하고 싶은 순간도 있었지만, 자전거를 자유롭게 타고 싶은 마음이 더 컸다. 그래서 다시 일어나 도전했고, 조금씩 나아갔다. 그 과정을 견뎌낸 끝에 자전거를 탈 수 있었고, 성취감과 기쁨은 지금까지도 나를 자랑스럽게 만든다.

우리는 넘어지고 좌절할 때마다 다시 일어설 힘을 이미 가지고 있다. 갓난아이가 걸음을 배우며 수없이 넘어지고 다시 일어나 걸음을 내딛는 것처럼 우리 안에는 포기하지 않고 다시 일어날 수 있는 힘 회복탄력성이 숨어 있다. 지금 힘들고 고통스러운 순간이라면, 잠시 눈을 감고 상상해 보자. 꿈을 이루고, 원하는 미래를 살아가는 나 자신을 뇌는 상상을 현실처럼 받아들이는 존재이기에, 그 믿음은 곧 힘이 된다.

회복탄력성은 멀리 있지 않다. 언제나 우리 마음속에 존재한다. 믿음을 가지고 매일 조금씩 도전을 이어간다면, 결국 우리는 스스로 원하는 삶을 만들어갈 수 있다.

신이 주신 성공의 씨앗! 회복탄력성 기억해 주세요~

 05 잠시 일에서 로그아웃하고 힐링해요

"휴일엔 모든 근심을 로그아웃하고, 힐링 ON"

전문가 타이틀을 따고 바쁘게 뛰어다니지만, 가끔 쉬고 싶은 마음이 든다.
식탁 위 귤을 보며 귀여운 병아리들이 아장아장 걸어가는 모습이 떠올랐다.
일상을 떠나 자유롭게 쉬고 싶은가 보다.
그 마음을 담아 병아리들이 소풍 가는 모습을 표현하니
기쁨이 솟고, 만족감이 느껴진다.
매 순간 나는 나만의 작은 휴일을 즐길 수 있는 여유로운 내가 좋다.

여유로움

세대 마다 휴일을 보내는 방식은 조금씩 다르다. 특히 코로나19 이후 휴일의 의미는 이전과는 조금은 달라진 듯하다. 늦잠, 산책, 멍 때리기, 친구와의 수다, 맛있는 음식, 혹은 아무것도 하지 않아도 괜찮은 시간…. 휴일은 즐겁기도 하고, 심심하기도 하다.

그 심심함 속에서 나는 나와의 깊은 만남을 시작한다. 거실을 혼자 독차지하고 냉장고 속 재료들을 꺼내어 귤과 채소, 젤리를 조합하며 놀기 시작한다. 그것은 단순한 놀이가 아니라, 내 마음을 돌보는 어른의 놀이 푸놀치 마음여행이다. 손끝에서 피어난 작은 병아리들이 속삭인다. "지금, 괜찮아. 쉬어도 돼. 즐겨도 좋아." 쉼은 게으름이 아니라 깊어지는 시간이다.

나를 여유롭게 만나고 내 안의 소소한 행복을 느끼는 날, 그 순간이야말로 진짜 '휴일'이다.

오늘은 '쉼 버튼'을 살짝 눌러, 우리 함께 여유를 누려보는 건 어떨까.

06
중용의 미덕을 발휘해 보는 중이에요

일과 삶의 균형
늘 쉽지 않은 것이 중용의 덕을 발휘하는 것

어린 호박이 귀여워 밭에서 데려왔다.
호박의 속살이 이렇게 곱고 빛날 줄은 미처 몰랐다.
그 모습을 바라보니, 우리 안에도
저런 보석 같은 빛이 숨어 있다는 생각이 들었다.
균형이란 무엇일까.
내면의 보석을 찾기 위해 때로는 일탈하기도 하고, 결국 다시 본래의 자리로
돌아오는 것. 어쩌면 그것이 균형이 아닐까.

균 형

**슬픔이라는 균형이 없으면 행복은
그 의미를 잃어버린다(Carl G. Jung)**

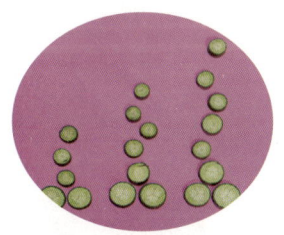

우리는 늘 운이 좋고 걱정 없는 삶을 바라지만, 변화 없는 삶이 정말 좋은 걸까?

햇빛 가득한 날만 좋은 날일까, 비가 오는 날은 늘 나쁜 날일까?

바람이 불고 비가 내리는 날은 과연 좋지 않은 날일까?

삶에는 균형이 필요하다. 밤과 낮, 동전의 앞뒤처럼 반복되는 일상 속에도 때로는 작은 일탈이 필요하다. 슬픔이라는 균형이 없다면 행복은 그 의미를 잃는다. 때로 찾아오는 어려움과 바람은 우리에게 삶의 깊이를 알려주고, 진정한 행복을 느끼게 한다.

모든 중심에는 '나'가 있다. 내 마음은 지금 편안한가, 아니면 바람이 불고 있는가?

강풍인지, 산들바람인지 느끼며 스스로를 살피는 순간 삶의 균형이 보인다.

잠시 멈추어 마음 날씨를 바라볼 때, 나는
변화 속에서도 삶의 균형을 지켜가는 사람이다.

07
원하는 것을 얻기 위해 참고 인내하는 법을 배워요

"인내는 원하는 것을 얻기 위해"

가끔 지금 내가 걷고 있는 길이 맞는지 고민한다.
앞이 보이지 않는 안갯속을 걷는 듯 막막할 때가 있다.
요즘 많은 일들을 해내며 특히 더 그렇다.
특히 마음이 아픈 사람들을 만날 때면 더욱 그렇다.
그래서 깊은 산길을 떠올리며 작품 속 우거진 숲을 표현했다.
그 숲 속에서 지금까지 내가 걸어온 길들이 떠오른다.
씩씩하게 걸어가던 순간들, 주저앉아 울던 시간들…
그 모든 시간이 오늘의 나를 향해 미소 짓는 듯하다

끈기

삶의 속도.
빠르게도 좋겠지만 거북이처럼
꾸준히 하는 것도 필요하지 않을까?

"할머니 책 읽어주세요!" 손녀딸이 졸졸 따라다니며 부탁할 때 나는 코코지라는 도구 덕분에 마음 편히 책을 읽어 줄 수 있다. 손녀가 가장 좋아하는 이야기는 「토끼와 거북이」다. 결승점에 도착한 거북이에게 같이 박수를 치며 "잘했지, 잘했지"하고 웃는 손녀의 모습이 참 사랑스럽다.

거북이는 천천히라도 목표를 향해 한 걸음 한 걸음 나아간다. 우리 삶도 그렇다. 빨리 가지 않아도, 완벽하지 않아도 괜찮다. 중요한 것은 자신을 믿고 끝까지 나아가는 것, 그리고 자기 속도대로 삶을 걸어가는 것이다.

돌아보면 나도 참 오래 걸어왔다. 전문 상담사가 되기까지 20년이 걸렸지만, 지금 돌이켜보면 한순간처럼 느껴진다. 그동안 애써 살아온 나 자신에게 이제는 작은 보상을 선물하고 싶다.

오늘은 기특한 자신에게도 기분 좋은 선물을 하나 해보는 건 어떨까요?

마음 쉼표 : 나를 어떻게 돌보고 있나요?

〈나, 자신에게 선물하는 마음 도시락〉

때론 따뜻한 차 한 잔이, 작은 밥 한 숟가락이,
나를 친절하게 돌보는 손길이 됩니다.
너무 애썼던 하루 끝에,
나는 나에게 어떤 말을 건넸을까요?
지금 이 순간,
나를 위한 따뜻한 돌봄을 떠올려 보아요.

매일 수고한 나를 돌보는 시간을 가져요. 토닥토닥

마음속 체크, 토닥토닥

오늘 나는 내 감정을 알아차렸나요?
나는 나에게 어떤 말을 건넸나요?

'나만의 회복 레시피' 쓰기

지금 내가 나에게 해주고 싶은 작은 돌봄 한 가지는 무엇인가요?
오늘 안에 그것을 실천해본다면, 나에게 어떤 변화가 일어날까요?

3장

서로를 바라보는 눈빛 - 공감과 성찰

우리는 '빨리빨리'라는 말에 익숙해진 나머지 상대의 몸짓을 놓치고,
그 마음의 소리를 듣지 못한 채 지나치곤 합니다.
그러나 푸놀치 마음여행을 하면 말보다 먼저
'손끝에서 시작되는 마음의 언어'를 기다리게 되지요.

표현은 비언어의 시선으로 서로를 바라보게 하고,
그 순간 우리는 공감의 눈빛을 배우게 됩니다.
상대의 표현을 읽어주기 위해 조금 더 천천히 바라보는 연습,
내가 듣고 싶은 말보다 상대가 전하고 싶은 마음에 귀 기울이는 시간.
그것이 바로 공감이고, 성찰의 시작입니다.

푸놀치는 느림의 미학을 회복하게 해주며,
한 접시에 담긴 마음의 궤적을 따라가다 보면
나도 모르게 서로를 따뜻하게 마주 보는 사람이 되어 있지요.

김민용 회장의 푸놀치 사색노트 中에서…
만남에 꼭 필요한 요소는 울림이 아닐까?
마주 앉았다고, 이야기를 나누고 있다고,
악수를 한다고 만나는 게 아니다.
그 접촉과 함께, 서로의 마음을 진동시키는 울림이 있어야
진정 만남이 이루어지는 것이다.
나는 나를 진동시켜, 상대의 마음에 울림을 주고 있을까?

1. 사랑의 수호천사와 데이트 중이랍니다
2. 복을 부르는 박장대소, 하하하하!
3. 내 안의 다양한 나를 만나는 중이죠
4. 마음의 근육 단련 중입니다
5. 말이 씨 되는 것 보는 중인데요
6. 인생 협력자를 만나는 중이에요
7. 선한 에너지를 순환시키는 중입니다
8. 무한 신뢰감을 주고받는 중이에요

01 사랑의 수호천사와 데이트 중이랍니다

"사랑으로 바라보면, 세상도 사람도 더 사랑스럽고 예뻐 보이죠."

내 안의 수호천사가 말해요.
"사랑스러운 눈빛, 다정한 칭찬 한 마디가
어른에게도, 아이에게도
큰 사랑의 힘이 되어요…"라고

당신은 이미 사랑받는 존재

사랑은 거창한 게 아니다. 오늘도 누군가를 바라보며 "예쁘다", "잘하고 있어"라고 건네는 한마디 말 속에 사랑이 숨어 있다. 이 사랑의 수호천사는 웃는 얼굴과 부드러운 눈썹으로 말없이 따뜻한 위로를 건넨다. 어른이든 아이든, 누구에게나 그런 긍정의 메시지는 꼭 필요한 것 같다. 누군가의 하루에 햇살 같은 따뜻한 말을 건네는 것. 그게 바로 사랑의 시작 아닐까?

오늘도 내 안의 수호천사가 말해준다.
"당신은 사랑 받기에 충분한 존재예요."
"당신의 사랑이 주위를 빛내고 있어요."라고

02
복을 부르는 박장대소, 하하하하~

"다 같이 하하하~ 호호호~ 활짝 웃어요, 그 웃음에 복도 따라온답니다!"

빨강이도 노랑이도,
웃음 하나면 모두의 마음이 통하지요.
파프리카를 자르며 우연히 찾아온 두 친구 덕분에 하하하하~
오늘도 우리, 활짝 웃으며 내 안의 기쁨에너지를 크게 소리 내어 표현해 봐요.
하하하~ 호호호~ 웃으면 복이 와요.

웃으면 복이와요

웃음은 몸과 마음을 치유하는 마법의 묘약이에요.

우리는 감정표현이 서툴러 제대로 웃는 법을 잊고 살아갈 때가 있어요. 하지만 이 두 친구처럼 활짝 웃어 보면, 마음속까지 환해지는 걸 느끼게 되지요. 기쁨이 찾아왔을 땐 망설이지 말고, 마음껏 웃어 보세요. 온몸으로 그 기쁨을 표현해 보는 거예요.

그 웃음은 내 마음도, 다른 사람의 마음도 행복하고 즐겁게 감싸주는 마법이 되거든요.
오늘, 당신의 웃음에서 복이 시작됩니다.

이 따뜻한 표현들이 사람들에게 기쁨과 행복 에너지가 전해진다면, 저도 더 크게 웃을 것 같아요.
우리 같이 더 크게 많이 웃고 더 많이 행복해져요. 기쁠 땐 주저하지 말고, 마음껏 웃고 그대로 표현해 보세요.

03 내 안의 다양한 나를 만나는 중이죠

"다르지만 한 사람의 나, 이런 나를 나는 사랑합니다."

뽀글뽀글 머리 스타일이 닮은 듯 닮지 않은 세 사람이 있다.
머리 포인트도 표정도 다르지만, 이 세 사람은 바로 나다.
한 사람인 내가, 상황에 따라
다른 사람 눈에는 여러 모습으로 보일 수 있다는 생각이 든다.

인정하기

너와 나는 닮았고 똑같다고 생각하지만
우리는 목소리도 다르고
보이지 않는 생각은 더 다르다.

 우리는 종종 스스로를 '한결같은 사람'이라 생각하지만, 사실 누군가의 눈에 비친 나는 늘 같지 않다. 어떤 이에게는 첫 번째 모습으로, 또 다른 이에게는 전혀 다른 모습으로 기억된다. 나 역시 타인을 하나의 얼굴만으로 정의하지 않는다. 서로 다르게 인식하고 느끼는 차이를 인정할 때, 오해는 줄고 이해는 깊어지며 관계는 더 따듯해진다.
 오늘도 나는 내 안의 여러 나와 조용히 마주 앉는다. 그 속에서 조금 더 나를 알아가고, 서로의 다름을 존중하는 마음을 배워간다.

나는 다름을 존중하며 더 깊은 이해와 사랑을 키워간다.

04
마음의 근육 단련 중입니다

"웃는 얼굴 앞에선 마음의 근육도 함께 웃는다."

작고 귀여운 얼굴이 깔깔 웃으니
그 미소는 옆 사람에게 바이러스처럼 옮겨가
하하호호 별처럼 빛나는 에너지가 되었다.
웃음 하나가 만들어내는 행복한 별빛이 마음에 반짝인다.

작은 미소, 큰 울림

누군가 환하게 웃는 얼굴을 보면, 나도 모르게 입꼬리가 올라간다. 웃음은 마음을 움직이는 순수한 힘이다. 작은 귤로 무거운 마음을 들어 올리는 모습을 표현한 것처럼, 웃음은 마음을 가볍게 하고 삶에 숨을 불어넣는다. 하트와 별의 따뜻함과 반짝임이 그 웃음을 더 환하게 만들어준다.

웃음은 혼자에서 끝나지 않는다. 도미노처럼 퍼져 서로를 북돋우고, 작은 기적을 만든다. 오늘 내가 짓는 미소 하나가 보이지 않는 누군가의 마음에 희망의 별빛이 될 수 있다. 곁에 있는 사람에게 먼저 미소를 건네 보자. 그 작은 웃음이 또 다른 웃음을 불러오고, 결국 세상을 조금 더 따뜻하게 밝히는 힘이 된다.

오늘 내가 미소와 함께 보낸 푸놀치 작품이 누군가의 마음에 사랑의 별빛이 되고, 세상을 조금 더 따뜻하게 비춰주니 그저 감사할 뿐이다.

05 말이 씨 되는 것 보는 중인데요

소문과 험담은 우화에 나오는
"늑대가 나타났어요."라고 외치는 소년의 메아리일까?

물고기들이 즐겁게 이야기하고는 서로의 방향으로 돌아간다.
좀 전에 즐겁게 했던 이야기에 자기만의 판단과 해석을 하나 더 얹어
이야기하게 된다면 그것이 소문이 되고 험담이 되는 것은 아닐까?
발 없는 말이 천 리 간다는 속담이 떠오른다.

상처

**마음을 열어 자신과 만나고
일상이 주는 가르침을 받아들여 보세요**

소문이나 험담은 퍼뜨리는 사람과 당사자 모두에게 상처를 남기는 해로운 행동이다. 동화 속 늑대소년은 심심함을 달래기 위해 거짓말을 했고, 그로 인해 바쁜 마을 사람들에게 피해를 주었다. 결국 그는 스스로도 그 결과를 감당해야 했다. 혹시 나 역시 욕망을 채우려는 마음에, 누군가에게 상처를 준 적은 없을까? 한 번쯤 돌아볼 필요가 있다.

특히, 지금은 AI가 가짜 뉴스까지 만들어내는 시대다. 그렇기에 우리는 사실을 분별하는 지혜를 길러야 한다. 나부터 올바른 눈으로 보고, 현명하게 판단하는 사람이 되어야 하지 않을까?

나는 가짜 뉴스에 흔들리지 않고,
진실을 바라보며 지혜롭게 선택하는 사람이 되고 싶다.

06 인생 협력자를 만나는 중이에요

**29개월 언니와 11개월 동생은
경쟁자이자 협력자이다**

뻥 과자를 먹는 손녀들을 바라보면 마음이 절로 따뜻해진다.
나에게는 특별한 맛이 느껴지지 않아도,
아이들에게는 세상에서 가장 맛있는 간식이다.
입맛이 다르듯, 우리 삶의 기준과 기쁨도 저마다 다르다.
그 다름을 존중할 때 우리는 경쟁자가 아니라 서로를 북돋우는 협력자가 된다.
뻥 과자를 사이좋게 나누며 행복해하는
두 손녀의 모습은, 다름 속에 깃든 아름다운 조화를 보여준다.

배 움

**경험 속에서 배우며 앞으로 나아가고 있는
나 자신을 격려하고 지지합니다.**

삶은 끊임없는 배움의 여정이다. 쉰을 훌쩍 넘긴 지금도 나는 여전히 매일 배운다. 요즘 나의 스승은 다름 아닌 두 손녀다. 29개월과 11개월 아직 어린 두 아이는 서로에게 협력자이면서도 경쟁자  다. 사이좋게 장난감을 나누며 웃다가도, 자기 것을 지키려 다투고, 언니가 보는 영상을 함께 보고 싶어 까치발을 드는 동생의 모습은 이미 '나도 여기 있다'고 말하는 듯하다.

곰곰이 생각해 보면 우리 삶도 크게 다르지 않다. 누구나 태어나는 순간부터 가정과 학교, 그리고 일터에서 끊임없이 자신을 드러내며 인정받기를 원한다. 사랑받고 싶고, 존중받고 싶고, 소중한 존재로 기억되기를 바란다. 그 마음은 어린 손녀들이 서로의 자리를 확인하며 자라나는 모습 속에 고스란히 담겨 있다.

일상은 나에게 배움터이다. 협력하며 더불어 웃는 순간에도, 경쟁하며 스스로를 드러내는 순간에도, 결국 나라는 존재가 이미 충분히 소중하다. 협력자일 때도, 경쟁자일 때도 그 모든 모습이 모여 지금의 나를 만든다. 삶이 가르쳐주는 가장 깊은 배움은 다름 아닌 '나는 언제나 소중하다'는 이 단순한 깨달음이 아닐까.

오늘도 나는 나를 먼저 인정하는 사람으로 살아가려 한다.

07 선한 에너지를 순환시키는 중입니다

"나는 향기를 전하는 민들레, 에너지를 나누는 사람입니다."

오늘 밥상 재료는 만두, 호박볶음, 소고깃국, 방울토마토

민들레처럼 강인하게,
홀씨처럼 자유롭게.
오늘도 나는 긍정의 향기를 전합니다.

주고받음

오늘 나는 강인함을 전하는 한 송이 민들레입니다.

봄꽃 민들레, 그 홀씨처럼 자유롭고 강인한 에너지를 지닌 작은 꽃.

어느 날, 문득 그런 생각이 들었어요. '나도 언젠가 누군가에게, 나의 긍정 에너지를 잘 전할 수 있다면 좋겠다.'하는. 태양의 기운을 고스란히 받아 대자연 속 우리 주변 어디에 있든 생명력 있는 예쁜 꽃을 피우는 민들레처럼, 나도 나의 자리에서 긍정의 에너지 꽃을 전하고 싶습니다.

그 마음을 담아 식탁 위에 민들레를 표현했을 때, 내 안의 강인함이 살아나는 걸 느꼈어요. 주고받지 않아도, 전하는 그 순간 이미 받게 되는 감동과 감사. 삶도, 감정도, 에너지도 서로 주고받는 선순환 속에서 전파되고 다시 꽃피우나 봅니다.

오늘 나는 한 송이 민들레.
당신의 마음 어딘가에도 노랗게 웃는 씨앗 하나가 닿기를 바라며.

**민들레처럼 강인하고 홀씨처럼 자유로운 마음으로,
나는 오늘도 나에게 긍정의 향기를 전합니다.**

08 무한 신뢰감을 주고받는 중이에요

3살 손녀에게 할머니는 자신을 기대는 든든한 기둥
무한신뢰를 보내주는 손녀딸과의 소통

손녀가 좋아하는 치즈를 여러 모양으로 잘라 파란 종이 위에 올려놓았다.
파랑이 좋다며 네게도 좋아하는 색을 묻는 그 마음이 사랑스럽다.
치즈와 초콜릿을 올리며 표현에 몰두하다가도,
잠시 손을 멈추고 "할머니 이거 먹어도 돼요?" 하고
웃는 모습은 보는 것만으로도 행복을 선물해준다.

믿음

**아이에게 무한 신뢰감을 주는 어른은
세상을 이기는 든든한 백이다.**

　29개월 손녀에게 할머니는 든든한 지원군이다. 장난치다 다치거나 엄마, 아빠에게 야단을 맞은 날, 손녀는 달려와 모든 이야기를 털어놓는다. 그 눈빛 속에는 자기편이 되어주기를 바라는 기대와 믿음이 가득하다. 나는 그 믿음을 저버리지 않기 위해 언제나 신뢰할 수 있는 할머니이고 싶다.

　푸놀치를 하며 손녀가 좋아하는 색과 모양을 묻고 조심스레 재료를 올리는 모습을 바라보며 서로의 마음을 나눈다. 나는 손녀가 자신의 마음을 솔직히 표현할 수 있도록 끝까지 들어주고, 필요한 순간에는 조용히 지지해 준다. 그 믿음 속에서 손녀는 안도하며 자신을 표현하고, 나는 그 과정을 지켜보며 기쁨을 얻는다.

　하루하루 쌓이는 이런 작은 순간들이야말로 신뢰가 어떻게 마음을 키우고, 사랑을 깊게 만드는지 알려주는 소중한 배움이다.

오늘은 도움이 필요한 누군가에게 신뢰를 건네는 사람이 되어봅니다.

마음 쉼표 : 너를 바라보는 나, 나는 어떤 눈빛인가요?

〈텔레파시〉

누군가를 바라보는 나의 눈빛에는 마음이 고스란히 담겨 있지요.
때로는 이해가, 때로는 상처가,
때로는 닫힌 마음이 조용히 배어 나오기도 하죠. 지금 이 순간,
나는 어떤 눈빛으로 세상을 바라보고 있을까요?
그리고 나는, 나를 또, 그들을 어떻게 바라보고 있을까요?

마음이 이완되어 서로를 따스하게 바라보는 시간

마음 쉼표 : 나는 지금, 어떤 눈빛으로 상대를 바라보고 있을까요?

1. 최근, 누군가의 마음을 진심으로 이해하려고 했던 순간이 있었나요?
   – 그때 나는 어떤 마음과 태도로 그 사람을 바라봤나요?

2. 사람들과의 다름을 느낄 때, 나는 어떤 감정을 가장 먼저 느끼나요?
   – 불편함, 호기심, 거리감, 수용. 그 감정은 나에게 어떤 메시지를 주고 있나요?

3. 내가 마음을 열고 다가간다면, 따뜻해질 수 있는 사람은 누구일까요?
   – 그 한 사람의 얼굴을 떠올려 보세요.

4. 누군가 내게 건넨 말, 눈빛, 혹은 작은 행동 중 마음에 오래 남은 것이 있나요?
   – 그것은 지금 내 관계에 어떤 영향을 주고 있나요?

공감이란 무엇일까요?
내가 생각하는 공감의 정의를 내 안의 언어로 조용히 써내려가 보세요.

———————————————————
———————————————————
———————————————————

3장 서로를 바라보는 눈빛 – 공감과 성찰

4장

자기성찰을 통한 마음의 꽃을 피우는 중이랍니다

창조적인 것은 치유적이라고 나탈리 로저스는 말합니다.
내 안의 감각이 열리고, 마음이 손끝을 따라 움직이기 시작할 때,
푸드표현예술은 하나의 언어가 되고,
그 언어는 나를 넘어서 우주와 연결되는 창조적 순간이 됩니다.
무언가가 나의 내면에서 피어나 자연과 교감하고,
그 안에서 생명의 떨림과 신비로운 교류가 일어날 때
우리의 마음이 피어나는 순간, 그 표현을 통한 해방의 순간입니다.
한 사람의 창조적 표현은
자신을 치유하고, 주변을 밝히며,
지구촌 반대편으로도 행복을 배달합니다.
건강한 지구는, 건강한 마음에서 시작됩니다.
푸놀치는 그 여정을 함께 걷는 마음소풍입니다.

마음의 꽃은 이미 내 안에 피어있지요.

내가 그 꽃을 피워낼 준비가 되면 아름다운 꽃이 내 안에서 밖으로 피어납니다. 새롭게 나를 바라볼 때, 숨겨진 힘이 햇살처럼 환하게 다시 세상을 향해 활짝 열리는 듯합니다. 딸기를 먹으며 붉은 딸기로 거대한 딸기 꽃을 피워냈지요. 내 안의 긍정 에너지가 활짝 핀 마음의 정원을 보는 듯해 기분이 더 좋아졌어요.

1. 내 안의 화를 꽃으로 피워내는 중이에요
2. 당당한 굴토끼가 되어 뛰는 중입니다
3. 힘내라 힘~ 나를 응원하고 있어요
4. 새로운 관점으로 바라보기 해요
5. 말로 춤추는 유머를 연습해 보아요
6. 서로를 잇는 다리, 나를 개방하는 중입니다
7. 내 안의 두려움을 깨뜨리고 있어요
8. 좋은 습관을 받아들이는 중이에요
9. 내 삶의 활력인 작은 천사들과 놀고 있어요

01 내 안의 화를 꽃으로 피우는 중이에요

"내 안에 있는 다양한 모습들을 만나 사랑하는 날입니다."

미소 뒤에는 보이지 않는 마음의 파동이 숨어 있다.
살아가기 위해 때로는 '진짜 나'를 감추기도 하지만
모든 표정은 결국 하나의 마음에서 흘러나온다.
그 마음은 본래 고요하다. 어떤 감정의 물결이 스쳐 지나도
다시 평온으로 돌아올 힘을 지니고 있다.
중요한 것은 감정에 휘둘리는 내가 아니라, 그 마음을 바라보고
부드럽게 안아줄 수 있는 '나'를 잊지 않는 일이다.

정체성

　우리 마음속에는 다양한 표정들이 숨어 있다. 동그란 과자 위에 하나씩 지어진 표정들. 웃는 얼굴, 삐죽거리는 얼굴, 속상한 얼굴, 괜히 장난기 가득한 얼굴. 모두 다르지만, 사실 이 모든 모습이 내 안에 살아 숨 쉬는 나의 일부다.

　우리는 매 순간 여러 감정을 느낀다. 웃기도 하고, 울기도 하고, 때로는 감정을 그대로 드러내면 세상이 뒤흔들릴 것만 같기도 하다. 그래서 나는 화가 나거나 마음이 복잡할 때 푸놀치를 통해 마음을 표현한다. 그 과정에서 감정에 휘둘리지 않고, 다정하게 나를 바라보며 안아줄 수 있는 자신을 만난다.

너도 한 번 해보는 건 어때?

오늘의 푸놀치 마음소풍

동그란 쿠키나 접시를 준비해 다양한 얼굴을 만들어 보세요.
지금 내 마음속 표정은 어떤지 표현해 보고,
모든 표정을 바라보며 이렇게 말해주세요. "괜찮아, 다 나야."
감정은 스쳐 지나가고, 마음은 다시 평온으로 돌아올 것이다.

02
당당한 귤토끼가 되어 뛰는 중입니다

작고 부드러워도 나를 당당하게 표현하는 방법은 무엇일까?
나는 내면에서 솟아나는 자기존중감과 자신감을 표현하였다.
과일과 식재료로 만나는 나 안의 '작은 나!'
그러나 당당하게 나를 드러내는 나를 표현하는 푸놀치 마음소풍

나는 내가 좋다.
나는 이대로의 나를 사랑한다.

당당함

표현하고 나니 동화를 쓰고 싶어졌다.
"귤토끼 그녀."
"그녀는 어떤 감정을 품고 있을까?"
치유산타는 이 작품을 보고 나에게 말했다.
"당당하게 우뚝 선 민주."

이 글을 읽는 당신은 어떤 생각이 떠오르는가?
"나도 귤토끼가 되어보기" 자신의 강점, 소중한 점, 지금 그대로의 나를 떠올리며 나만의 캐릭터를 만들어 보자. 냉장고를 열고 푸드 재료로 캐릭터를 만들고, 이름을 붙여주고, 그 상징물에 메시지를 담아보자.

"이 캐릭터가 세상에 전하고 싶은 말은 무엇일까요?"
어쩌면 귤토끼가 나에게 속삭이듯 말할지도 모른다.
"나는 지금 이대로 충분히 괜찮아요."
"작아도 나는 나예요."
"내 삶은, 내가 디자인해요."

내가 만든 귤토끼 한 마리는 내 마음을 비춰주며 나 자신을 바라보게 했다. 귤토끼가 전해준 위로와 응원은 일상 속에서 당당하게 살아갈 용기를 주었다.

03 힘내라 힘! 나를 응원하고 있어요

내가 하는 생각과 말이 내 삶을 결정한다는 것을 알고 있습니다.
내 말은 내가 하는 일의 마법 같은 씨앗이 되어 성장합니다.
나는 긍정의 말로 주문을 걸어 긍정의 열매를 열리게 할 것입니다.

오늘 밥상은 차조밥, 뭇국, 소불고기, 열무김치, 깍두기, 청경채 나물, 샤인머스켓

정성스러운 이 밥상 앞에 앉아, 마음을 다해 긍정의 주문을 속삭여봅니다.
생각하는 대로 술술술 펼쳐지는 삶에 감사합니다.
원하는 대로 잘 되어 감사합니다.
좋은 것을 생각하고, 좋은 말을 하고, 좋은 기운을 전하다 보면
정말 좋은 일이 찾아온다는 것을 알기에
오늘도 나는 '긍정의 주문'을 외쳐봅니다.

오늘도 밥상에서 응원 단장이 되어 파이팅!

지금 내 앞에 놓인 세 가지 과제.
코앞으로 다가온 평가.
그 앞에서 나는 스스로에게 외칩니다
"힘내라, 힘!"
"할 수 있다, 파이팅!"

오늘 나는 응원단장이에요.
그리고 내게 주어진 세 개의 응원봉으로 주문을 외칩니다.
고기, 야채, 그리고 정성 가득한 마음.
그 조합이 단단히 나를 지지해 주고 꽃처럼 피어나지요.
함께하는 멤버들에게도 이 마음을 담아 외쳐봅니다

할 수 있다. 파이팅!
잘해보자. 파이팅!
끝까지 파이팅!

꽃이 피어나듯 아름다운 결과가 오리라는 믿음으로,
스스로를 다지는 밥상 앞에서, 오늘도 나를 응원합니다.

우리 안에 있는 응원 봉을 꺼내어 상황마다 주문을 외쳐 보아요.
나 자신을 위해, 그리고 함께하는 모두를 위해 파이팅!

04
새로운 관점으로 바라보기 해요.

기존의 생각을 버리고 새로운 방식으로 생각하는 것은
나에게 어떤 어려움과 즐거움이 있을까요?

길가에 떨어져 뒹구는 나뭇잎을 주어 놓고 싶었다. 여러 색 중 유독 검은색이 눈에 들어왔다. '조금 어두운 느낌일까?' 잠시 스쳐가는 선입견을 내려놓고, 나는 과감히 손을 뻗어 그 색을 선택했다.
검은색은 모든 것을 품어내는 색이었다. 내 마음의 일부를 담아 표현하니, 생각보다 더 깊고 아름다운 기쁨이 밀려왔다. 오늘의 선택은 작지만, 나 자신을 믿는 작은 용기였다.

변화

**자신을 탓하기보다
자신을 격려하고 칭찬하면
변화는 더 빠르게 될 것이다.**

얼마 전까지만 해도 나는 변화하는 디지털 기기를 제법 잘 다루는 사람이라고 생각했다. 그러나 끊임없이 업그레이드되고, 새로운 앱과 기능이 쏟아지면서 따라가지 못하는 나 자신과 마주했다.

그 순간 마음속에서 갈등이 일었다. 익숙한 방식에 머무를 것인가, 아니면 새로운 방식을 배워볼 것인가.

변화에는 용기가 필요하다. '생각을 바꾸면 삶도 바뀐다'는 말을 알고 있었지만, 막상 변화를 시도하는 용기는 크고, 회피하고 싶은 유혹은 더 강했다. 함께 깨닫는다. 서툰 나 나를 탓하기보다, 변화하려는 나 자신을 다독이고 격려하는 것이 진짜 시작이다.

마음처럼 되지 않는 시간을 인내하며, 조금씩 한 걸음씩 앞으로 나아가는 것. 그 과정에서 자신을 칭찬하고 격려할수록 변화는 더 자연스럽게, 더 빠르게 우리 삶 속으로 들어온다.

"나는 오늘도 서툴지만, 한 걸음씩 내 안의 길을 넓혀간다."

05
말로 춤추는 유머를 연습해 보아요

"말로 춤추고 싶은 날, 내 안의 유머와 마주하다."

오늘 밥상 재료는 상추, 깻잎, 오징어튀김, 마늘, 고추

내 안에도 웃음을 나누는 유머가 있었어요.
언제나 나를 응원하고 격려해주는 짝꿍 덕분에,
오늘 나는 나도 몰랐던 '재밌는 얼굴'을 발견했어요.

용기

일상에서 나를 보여주는 용기를 배우는 중이에요.

남편과 모처럼 단둘이 외식하던 날. 식탁 위 오징어튀김이 눈에 띄더니 손이 절로 움직여 표현하게 되었어요, 어느새 나는 접시 위에 유쾌한 얼굴 하나가 만들어졌고 남편은 표현하는 나의 모습을 조용히 지켜봐 주었어요.

나는 말을 유쾌하게 표현을 잘하는 사람이 아니고 앞에서 재료를 건네주는 그가 있어 나는 신나게 표현할 수 있었고, 그는 그냥 바라보며 웃어주었어요. 그게 참 좋았어요. 접시 안에는 진심과 따뜻함이 담겨 있어요. 말로 춤추는 사람이고 싶다는 내 마음. 자연스럽게 나를 보여주는 꺼내보는 용기를 배우는 중이에요. 유쾌하게 말하고, 따뜻하게 웃는 사람.

그 웃음이 또 누군가의 하루를 밝혀줄 수 있다면 그걸로 충분하지 않을까요?

06 서로를 잇는 다리, 나를 개방하는 중입니다.

"생각을 열면, 마음은 더 높이 떠오를 수 있어요."

넓은 시야를 갖고 싶다는 마음에
푸른 하늘 위를 나는 헬기를 표현해 보았다.
혹시 나를 막고 있는 건,
내 안의 고정된 믿음일지도 모른다.

성장 마인드 셋

닫힌 마음을 여는 소통의 시작

종종 제자리에 머무는 기분이 들 때가 있다.

아무리 노력해도 도약하지 못하고, 한계 앞에서 멈추고 싶어질 때가 있다. 그럴 때 필요한 건 새로운 기술이 아니라, 새로운 관점일지도 모른다. 오늘 나는 파란 하늘 위로 헬기를 띄워 보았다. 마치 세상을 위에서 내려다보듯, 내 사고도 한 걸음 높이에서 바라보고 싶었다.

혹시 내 안에 이런 고정관념은 없을까?
"나는 원래 이런 사람이야."
"이건 나랑 안 맞아."
"나는 할 수 없어."

이 말들은 마음속 보이지 않는 뚜껑과 같다. 헬기가 높이 뜨려면 추진력이 필요하듯, 우리에게도 낯선 시도를 향한 마음의 개방이 필요하다. 생각을 열 때 우리는 더 높이, 더 넓은 세상으로 날아오를 수 있다.

오늘도 나에게 물어보자.
"혹시, 이 생각을 바꿀 수도 있지 않을까?"
조금 다른 시선으로 바라본다면, 새로운 높이에서 나와 세상을 만나며 성장의 기쁨을 느낄 수 있을 것이다.

07 내 안의 두려움을 깨뜨리고 있어요

"너의 본질을 알았으니, 돌아가 두려움 없이 네 삶을 살아라!"

2023년 늦가을,
영국 성당 안에서 들려온 내면의 소리. 그 강렬한 메시지를
나는 적양배추 한 가닥 한 가닥에 담았다.
너의 본질을 알았으니, 돌아가 두려움 없이 네 삶을 살아라!
(아니타 무르자니의 『그리고 모든 것이 변했다』를 읽고 마음에 남겨진 글)
빛처럼 쏟아진 그 말 한마디

나의 본질

박사학위를 마친 후, 아내로부터 선물로 받은 영국 여행. K-FEAT협회 지부장님 명분과 함께 옥스포드로 떠났다. 늦가을의 고요한 성당 안에서 문득 들려온 내면의 소리에 발걸음을 멈췄다.

"너의 본질을 알았으니, 돌아가 두려움 없이 네 삶을 살아라." 그 말은 마치 내 가슴을 뚫고 들어온 영혼의 빛 같았다. 아, 무언가 알 수 없는 느낌이. 순간, 멈추어 기도하고 밖으로 물러서는데 그 소리는 다시 한 번, 또 반복적으로 들렸다.

그때 그 순간의 경외감을 접시에 담고 싶었다. 영국 전통 문양의 접시 위에 적양배추를 가늘게 잘라 하나씩 올렸다. 그 가느다란 곡선 하나하나가 그 순간 번개처럼 내 가슴에 꽂힌 말들이다. 그 빛처럼, 떨림처럼, 숨결처럼 내 안에 각인된 메시지들.

앞으로의 삶이 이 메시지처럼 시작될 거란 느낌이 들었다.

나는 이제 두려움을 깨뜨린다. 그리고 나답게, 진짜 나로 살아가려고 한다.

나의 본질을 기억하며, 두려움 없이….

예상치 못한 순간, 번개처럼 스쳐 지나가는 문장 하나는 그 어떤 사건보다 강력하다.

08 좋은 습관을 들이는 중이에요

"손이 가요 손이 가
커피 잔에 손이 가…"

비 내리는 날, 창밖을 바라보며 마시는 커피 한 잔,
손끝을 데우는 온기는 마음까지 따스하게 감싸준다.
좋은 사람과 나누는 대화 속에서 커피는 단순한 음료가 아니라 작은 선물이 된다.
그 순간의 기억은 오래도록 남아, 다시 떠올릴 때마다
나를 행복하게 만드는 조용한 기적이 된다.

소중함

우리는 매일 수많은 것들과 만나고, 익숙해지고, 또 잊으며 살아갑니다.

처음엔 새롭고 특별했던 것들이 어느새 습관이 되어 더는 눈에 들어오지 않는다. 커피 한 잔, 스쳐 지나가는 인사, 따듯한 손길, 그리고 나 자신까지도….

어쩌면 그 익숙함 속에 가장 소중한 것이 숨어 있을지도 모른다.

오늘은 잠시 멈추어, 당연하게 여겼던 것들을 다시 바라보면 어떨까요?

혹시 여전히 곁을 맴도는 버려야 할 습관이 있다면, 오늘은 그와 작별을 고하자.

끝내 지켜내고 싶은 소중한 것들이 있다면, 마음을 담아 조심스럽게 리본을 다시 묶어보자.

그 작은 다짐 하나가 오늘을 더 따뜻하고 빛나게 만들어 줄 것이다.

오늘은, 나의 습관을 돌아보는 날이다.

09 내 삶의 활력인 작은 천사들과 놀고 있어요

"작은 천사들이 내 삶에 에너지를 불어넣는다."

손녀의 웃음을 바라볼 때마다 마음이 환해진다.
그 맑은 에너지가 내게 스며들어 다시 걸음을 가볍게 하고, 삶에 활력을 불어넣는다.
유모차를 밀며 함께 걷는 그 시간이 내 하루를 환하게 밝힌다.

에너지원, 가족

내 삶을 밀어주는 작은 힘

요즘 내 삶의 가장 큰 에너지원은 사랑스러운 손녀딸들이다. 그들의 웃음소리에 미소 짓고, 유모차를 밀며 걷는 순간마다 지친 몸은 잊히고 마음은 오히려 충전된다.

아이들의 순수한 눈빛과 작은 발자국 소리는 내 하루에 활력을 불어넣는 리듬이 된다. 활력은 멀리 있지 않았다. 매일 곁에서 건네는 웃음과 말투, 짧은 눈빛 속에 숨어 있었다.

"다시 활력 있게, 다시 웃어봐." 어딘가에서 이렇게 속삭이는 듯하다.

그리고 문득 깨닫는다. 내가 그 아이들에게 웃음을 받듯, 나 또한 누군가의 에너지가 되고 있다는 사실을. 오늘도 나는 사랑을 밀고, 활력을 받으며 다시 삶 속으로 걸어간다.

소소한 일상이 기적이며 축복인 것에 감사한다.

마음 쉼표 : 나는 마음을 어떻게 표현하고 있나요?

감정은 말이 없을 때 더 많은 말을 해요.
때로는 한숨으로, 웃음으로, 눈빛으로….
마음을 말할 수 있을 때,
우리는 자유로워지고 서로를 만날 수 있어요.
내 안의 감정은 지금 어떤 모양인가요?
말하지 못한 나의 진짜 마음은 무엇인가요?

표현을 통해 마음의 꽃을 피우는 중이랍니다.

마음 쉼표 : 나는 지금, 나의 마음을 잘 표현하고 있나요?

1. 요즘 내 마음에 가장 자주 머무는 감정은 무엇인가요?
   - 그 감정을 색이나 모양으로 표현한다면 어떤 모습일까요?

2. 감정을 숨겼던 적이 있다면, 그 이유는 무엇이었나요?
   - 나를 보호하기 위해서였나요? 관계가 깨질까 봐 걱정됐나요?

3. 내가 감정을 편하게 표현할 수 있는 사람은 누구인가요?
   - 그 사람 곁의 나는 어떤 모습인가요?

4. 표현이 두려웠던 순간이 있었다면?
   - 그때 나는 어떤 감정을 꾹 눌러 담고 있었나요?

5. 지금, 내가 나에게 가장 해주고 싶은 말 한마디는 무엇인가요?
   - 그 말을 조용히 소리 내어 말해보거나 글로 표현해보세요.

_____
_____
_____
_____

5장

본래의 사랑으로 치유의 식탁을 차리는 중이에요

푸놀치는 소박한 밥상 앞에서 이루어집니다.
가족과 함께한 식사 후,
고마운 마음 하나가 사랑나무로 피어나는 그 순간.
지리산 좋은 님이 정성껏 끓여주신 수제비 속
파 뿌리는 땅이 되고, 다시마는 음표가 되어 노래를….
사랑의 열매 맺는 K-Therapy 푸놀치의 사랑나무가 자랍니다.

표현은 놀이가 되고, 놀이는 치유가 되어,
삶의 본향인 사랑을 향해 나아가게 합니다.
푸놀치는 따뜻한 치유의 식탁 위에서
나의 본질, 나의 중심에 있는
'사랑'이라는 본향을 다시 찾게 해줍니다.

사랑은 기억이고, 사랑은 회복이며,
사랑은 다시 나를 살아가게 하는 힘입니다.

"나로 새로 태어나는 날은, 늘 생일"

생일축하를 받는 기분으로
매 순간 자신을 축하해요.
나는 매 순간 새롭게 태어나는 존재입니다.
나는 기분 좋은 이 순간을 자축합니다.

1. 우주의 중심이 되어보는 중입니다!
2. 세상의 이치를 아는 지혜, 내려놓기 연습해요
3. 세상에서 가장 이기적인 행위, 용서를 배우는 중입니다
4. 끝까지 함께 동행하려고요
5. 나의 별이 반짝이고 있어요
6. Becoming Love! 사랑이 되어가는 중이에요
7. 중심을 보는 눈, 혜안을 배우는 중입니다

01 우주의 중심이 되어보는 중입니다!

나는 우주의 중심입니다.
당신도 우주의 중심입니다.
우리 모두는 우주의 중심입니다.

오늘 밥상 재료는 밥, 계란, 맛살, 오이, 돈가스 소스

나는 오늘도 중심이 되어, 나의 사람들과 조화롭게 하루를 만들어가려 합니다.
두 눈을 질끈 감았다가 살며시 떠보니 12월의 초록 산타가 문득 떠오르네요.
누군가에게 이른 크리스마스 선물을 건네는 즐거운 상상을 해 봅니다.
그 상상만으로도 마음 한편이 따뜻해지는 오늘입니다.

초록산타

아픈 사람들을 위해 때로는 사랑과 위로의 초록 산타가 되어 보아요

작은 중심이 노른자로 바뀌고, 젓가락으로 조심스럽게 둥글게 저었습니다. 저으면 분리되고, 갈라지는 그 순간 그 틈 사이로 나의 마음 하나가 스며들었어요. 찡긋, '어떡하지?'하는 마음이 조용히 올라오고, 두 눈을 감았다 다시 떠보니 초록 산타가 떠올랐습니다.

항상 밝고 씩씩한 지인을 생각하며 얼마 전 그녀의 항암치료 소식은 내 마음을 조용히 흔들었습니다. 12월 붉은 산타보다 조금 이른 초록 산타가 되어 그녀에게 따뜻한 기운 하나 전하고 싶어졌습니다. 꿈틀꿈틀, 좋은 에너지가 그녀를 감싸 하루하루가 회복의 선물이 되길 바라며.

가끔은 삶이 혼돈처럼 느껴지지만, 나는 믿고 기도합니다. 우주는 선순환의 질서로, 조용하고도 신성한 흐름으로 우리를 이끌고 있다는 것을.

내 세계에서는 모든 일이 순조롭게 흘러갈 것을 나는 믿습니다.

02
세상의 이치를 아는 지혜, 내려놓기 연습해요

"마음을 열고 삶이 주는 가르침을 들어보세요."

나는 때때로 욕심 많은 나무처럼 너무 많은 열매를 맺으려 애쓰며,
쉼 없이 역할을 감당하려 한다. 바쁘게 달려오면서도
손에서 놓지 못하는 일들이 차곡차곡 쌓여 버겁게 느껴진다.
그래서였을까, 문득 나무 그늘에 기대어 잠시 쉬어가고 싶은,
무의식적인 마음이 드러난 듯하다.

깨달음

자신의 생각을 사랑을 담아 바꿔보세요

집단상담을 진행하다 보면 아이들이 형제자매에 대한 불만을 솔직하게 털어놓곤 한다. 나 역시 어린 시절에는 모든 것이 내 뜻대로 되길 바라며, 뜻대로 되지 않으면 불평하고 남을 탓하던 때가 있었다.

그러나 시간이 흐르며 알게 되었다. 불만과 기대는 결국 내 안의 욕심에서 비롯되었다는 것을. 생각을 조금만 달리하면 마음도, 삶도 달라질 수 있음을 깨달아 가는 중이다.

반세기를 넘게 살아왔지만, 나는 여전히 나는 더 어른다운 어른이 되어가는 길 위에 서 있다.

인생은 언제나 깨달음의 연속이다.

03
세상에서 가장 이기적인 행위, 용서를 배우는 중입니다

누구를 위해서가 아니라 바로 나를 위해….
용서를 바라는 것도 용서를 해주는 것도 큰 용기가 필요한 것 같다.

인과응보란 결국 내가 한 말과 행동이 다시 나에게 돌아온다는 뜻이다.
누군가를 아프게 하면 언젠가는 그 아픔이 나에게도 찾아올 수 있다.
하지만 내가 먼저 용서하고 이해한다면, 언젠가 그 마음은
다시 나에게 돌아와 사랑의 꽃으로 피어나지 않을까.

용서

**용서하는 것은
내 몸과 마음을 건강하고 자유롭게 해주기 위해
용기를 내기로 마음먹는 것이다.**

용서는 누군가를 위한 듯 보이지만, 사실은 나 자신을 위한 가장 이기적인 선택일지도 모른다.

살아가며 우리는 서로에게 상처를 주고받는다. 남이 준 아픔은 크게 느끼면서도, 내가 준 상처는 쉽게 지나치곤 한다. 그러나 마음속에 쌓인 감정을 오래 붙잡고 있으면 삶은 무겁고 고단해진다.

용기를 내어 사과하고 용서하는 순간, 비로소 마음은 가벼워지고 삶은 한결 따뜻해진다. 그래서 오늘 내 인생을 더 행복하게 만들기 위해 작은 용기를 내어보면 어떨까?

오늘 용서로 내 마음을 놓아주자.

04
끝까지 함께 동행하려고요

힘들 때 곁에 함께하는 동반자가 있으면 든든하다.
가족, 친구, 동료와의 동행은 느려도 끝까지 갈 수 있는 힘이 된다.

동 행

　울퉁불퉁한 길도 함께라면 두렵지 않다. 손을 잡아 주는 친구, 곁에서 묵묵히 걸어주는 사람이 있다면 낯선 길도 모험이 되고, 어제의 눈물은 오늘의 웃음으로 바뀐다.
　함께 걷는 동안 우리는 서로의 힘이 되어주고, 작고 사소한 순간들조차 특별하게 느껴진다. 동행은 삶을 가볍고 따뜻하게 만드는 가장 큰 선물이다. 그 길 위에서 우리는 조금 더 용기 있게 마음을 열고 걸어갈 수 있다.

손을 잡고 마음을 열면, 오늘을 용기 있게 걸어갈 수 있다.

05
나의 별이 반짝이고 있어요

내가 두려움에 멈춰 설 때마다,
하나의 빛이 내 앞에서 반짝이고 있음을 발견하게 된다.

한 줌의 시리얼과 하나의 별.
스스로 만든 혼란 속에 자신이 버려져 있을지라도
늘 내 앞을 비춰주고 있는 사랑의 빛을 표현했다.
그 빛을 믿고 따르는 마음,
그것 하나면 충분하다.

나의 별

때로는 길을 잃은 듯한 기분이 들 때가 있다.
어디로 가야 할지 몰라, 그저 멈춰 서 있던 순간들.
그때 내 손끝으로 별빛 하나가 떨어진다.

눈에 보이진 않았지만,
어딘가에서 조용히 나를 향해 빛나고 있던 별이었다.
그 별을 쳐다보는 순간
누군가 지그시 나를 바라보며 믿음으로
손을 내밀며 기다리고 있었다는 걸 알게 된다.
"그래, 나 그냥 이 빛을 따라만 가면 되겠구나."

그 별은 밖이 아니라, 늘 내 안에서 신성한 빛을 내며 나를 이끄는 힘이었다.
그 빛은 화려하거나 강하지는 않지만
어떤 어둠 속에서도, 어떤 바람에도 흔들이지 않고
언제나처럼 조용히 내 앞을 비춘다.

그 빛의 힘으로 나는 오늘도 담담하게 나의 삶을 걷고 있다.
그 빛을 따라, 나다움을 쫓아서.

나는 내 안의 빛나는 신성으로 인해 늘 반짝이고 있다. 매 순간순간!

06
Becoming Love! 사랑이 되어가는 중이에요

"사랑은 결국, 우리가 되어가는 삶의 방향이다."

텅 빈 접시 위에 하트들을 놓았다.
내 삶의 중심에 사랑이 채워진다.
나는 오늘도, 사랑이 되기를 선택한다.

나는 사랑이다

사랑은 뭘까?

괴테는 "사랑은 모든 것을 치유한다"고 했고,
예수님도 "네 이웃을 너 자신처럼 사랑하라"고 하셨다.

진짜 치유는 어쩌면 보이지 않는 사랑에서 비롯되는 걸까.

Becoming Love.

사랑이 되어가는 삶은 말처럼 쉽지 않다. 그래도 나는 매 순간 사랑이 되려고 애쓴다. 내 안에 깃든 내면 깊은 사랑을 깨워 가까이 있는 사람에게 친절을 나누고, 접시 위에서 표현된 마음이 세상에 조용히 전해지기를 소망한다.

딱딱한 수박 껍질 속 분홍빛 여린 속살의 달콤함이 아픈 사람을 살린다.

삶이 날카롭고 복잡해 보여도 우리 안엔 타인을 위한 사랑이 분명히 있다.

그 중심엔, 흔들리지 않는 사랑이 있다.

나는 오늘도 조용히 다짐한다. 나는 사랑이고 싶다.

07 중심을 보는 눈, 혜안을 배우는 중입니다

"표면이 아니라, 본질을 꿰뚫는 눈."

요거트로 우주를,
아몬드로 중심의 눈동자를 표현했다.
흔들릴수록 중심을 보고 싶다는 마음의 표현이다.

소중함을 발견하는 사람

가끔은 사소한 말 한마디에 마음이 요동친다. 하지만 시간이 지나 돌아보면, 그건 정작 그건 핵심이 아니었단 걸 알게 된다. 그저 표면에 일렁인 파도였을 뿐. 우리가 겪는 대부분의 갈등과 감정은 사실 '본질'이 아닌 '외곽'에 머문 감각 때문이다.

이 작품은 그런 순간들을 떠올리며 표현했다.

요거트는 흐릿한 시야,

그 안에 놓인 아몬드는 내면의 중심, 진실을 꿰뚫어 보려는 깨어 있는 시선이다.

지금 내가 마주한 상황의 핵심은 무엇일까?

표면이 아니라 중심을 볼 수 있다면,

그때 우리는 진짜로 '사소함 속에서 소중함을 발견하는 사람'이 되지 않을까.

본질을 꿰뚫어 보는 지혜가 내 안에 있음을
매 순간 기억하는 사람이 되기를 바라며

마음 쉼표 : 사랑은 어디에서 오고, 어디로 흘러가나요?

"본디 사랑이야"

정성이 담긴 따뜻한 밥 한 그릇처럼
사랑은 우리를 치유하고 살리지요.
사랑은 거창하지 않아도 되어요.
다정한 눈빛, 기다려주는 마음,
아무 말 없이 곁에 있어 주는 그 따스함이면 충분해요.
오늘 나는, 어떤 방식으로 사랑을 주고받고 있나요?

따뜻한 치유의 식탁을 차리며 자신의 본향인 사랑을 나눕니다

마음 쉼표 : 나의 사랑은 어디서 어디로 흘러가나요?

1. 지금 내 마음속 사랑의 모양은 어떤가요?
- 둥글둥글? 반짝반짝? 두근두근?

2. 내가 받은 사랑 중 가장 오래 남은 것은 무엇인가요?
- 누군가의 따스한 말 한마디, 친절한 행동, 한 잔의 차, 정성스러운 밥 한 그릇?

3. 누군가에게 사랑을 표현했던 따뜻한 순간을 떠오르나요?
- 그때의 나는 어떤 마음이었나요?

4. 내가 가장 사랑해주고 싶은 나의 모습은 어떤 모습인가요?

5. 내 안에 아직 품고 있는, 용서하지 못한 마음이 있다면 그것은 무엇인가요?
- 지금 그 감정을 바라보며 천천히 마주해 봅니다.

6장

태초의 나로 돌아가 껍질을 벗는 중이에요

우리의 삶은 껍질을 입고 살아가는 시간의 연속입니다.
보여야만 했던 나,
해내야만 했던 나,
지켜야만 했던 나….
그러나 어느 순간, 푸놀치 앞에 앉아 손끝을 움직이다 보면
그 껍질이 하나씩 벗겨지고
속에 숨어 있던 진짜 나의 본질이 얼굴을 내밉니다.

그것은 꾸며진 감정이 아니라,
오롯이 내 안에서 솟아오른 생명의 온기이고,
진실한 고백이며, 사랑을 향한 귀향입니다.

껍질을 벗는다는 것은 두려움이 아니라, 자유입니다.
표현은 나를 감싸던 가면을 벗기고,
푸놀치는 그 본질로 돌아가는
부드럽고도 용기 있는 길이 되어줍니다.

껍질을 벗고 나로 돌아오는 순간
나의 내면은 고요해집니다.
온화함과 평화로 채워집니다.
나는 자유롭습니다.

1. 맛과 미의 조화를 펼쳐보는 중 - 평온함과 따뜻함
2. 홀딱, 껍질을 벗고 나를 드러내는 중이죠!
3. 실존적 공허함 속에 빠져들고 있어요
4. 천천히 사는 여유, 음미하는 중입니다!
5. This is me! 이런 나를 만납니다
6. 다양성을 받아들이는 다름, 존중을 배워가요
7. 선택의 자유를 누리는 중이죠
8. 햇살처럼 빛나는 나와 데이트 중입니다

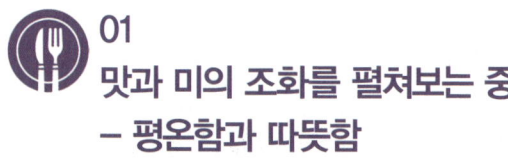
01
맛과 미의 조화를 펼쳐보는 중
– 평온함과 따뜻함

"맛과 미의 조화, 내 삶의 균형과 평온을 담다."

흑임자죽 위에 핀 따뜻한 꽃 한 송이.
달콤하고 고소한 기운이 마음을 조용히 감싸안아줍니다.

마음의 중심을 잡아주는 한 그릇 명상

바쁜 아침, 밥상을 차리다가, 문득 떠오른 '밥 먹기 명상', 내 손끝에서 태어난 한 그릇의 작품.

검은 흑임자죽 위에 메추리알 장조림을 조심스럽게 얹으며, 마치 꽃잎처럼 퍼져나가는 따뜻한 기운을 표현해보았어요.

고소하고 달콤한 맛, 부드러운 질감,
그리고 조화롭게 어우러진 색감.
이 한 그릇 안에는
먹는 즐거움, 보는 기쁨,
그리고 전해지는 따뜻한 에너지가 담겨 있어요.

우리의 삶도 이렇다면 얼마나 좋을까요. 균형을 잃지 않고, 각자의 자리에서 조화를 이루며 함께 어울리는 삶. 그 속에서 피어나는 평온함이 결국 우리 모두를 살게 하는 힘이 되겠지요.

오늘도 이 한 그릇으로 내 마음을 단단히 다져봅니다.
살아가는 힘은, 이렇게 매일 피어나는 평범한 순간들 속에 있으니까요.

**일상에서 잠시 멈추고 평범한 순간 속의 조화, 평화를 만납니다.
평화를 빕니다.**

 02
홀딱, 껍질을 벗고 나를 드러내는 중이죠!

"껍질을 벗다."

질긴 껍질을 한 꺼풀 한 꺼풀 벗겨낸 뒤에야 비로소 먹음직한 과육이 드러난다.
그 순간, 마치 내 존재의 민낯을 마주하는 느낌이 든다.
이 과정은 어쩌면, 죽음으로 가는 여정 같다.
삶의 끈질긴 집착들을 내려놓는 과정은 결국 본질로의 회귀를 의미한다.
"홀딱 벗고 민낯을 보여도, 나는 당당하다. 아니 벗어버리고 나서야 진짜 내가 된다."
이젠 더 이상의 방어도 위장도 필요 없어진다.
그렇게 남은 순수한 생명체는 오히려 가장 강력한 힘이 된다.
우리같이 홀딱 벗고 누군가 앞에 당당하게 서보는 경험
푸놀치로 함께 해보실래요?

있는 그대로 존재할 용기

우리는 평소에 얼마나 많은 껍질을 두르고 살아갈까요? 사회적 역할, 기대, 판단, 평가, 이미지….
어느새 나는 '진짜 나'가 아니라 '보이는 나'로 살고 있는 건 아닐까요.

이 작품을 표현하며 나는 "만약 내가 지금 모든 방어를 내려놓는다면 어떤 기분일까?"를 스스로에게 묻게 되었다. 과육은 껍질을 벗겨야 비로소 그 본질을 드러냅니다. 촉촉하고 투명한 그 실체는 어쩌면 우리가 가장 두려워하면서도 가장 갈망하는 진짜 '나'일지 모른다.

여러분도 한번 해보세요. "그냥 나로 살아도 괜찮다"라고,
Be raw. Be real. Be you.
(있는 그대로, 진실하게, 당신으로)

**주어진 역할 속에서 민낯을 보이는 게 부끄럽기도 하지만
나는 일상에서 푸놀치 마음여행을 하며
용기를 내어 내 안의 작은 나를 만나 다시 커집니다.**

03 실존적 공허함 속에 빠져들고 있어요

접시 가장자리엔 한 장 한 장 벗겨낸 꼬마 양배추가 놓여 있다.
그건 마치 우리가 매일 세상에 내보이는 얼굴들,
페르소나, 즉 '가면'처럼 보인다.
그리고 중앙엔 비트로 그려진 붉은 하트.
그건 내 안의 사랑, 나의 본질이다.
나의 존재는 사랑 그 자체이다.

나의 본질, 사랑

복잡하게 얽힌 선은 그 하트로 다가가려는 여정, 때론 엉키고 때론 반복되지만 결국 중심을 향하고 있다. 나는 이제 삶의 우선순위를 바꿔본다. 소유에서 행위로 그리고 존재로. 이 순서로 살아간다면 나는 내가 누구인지 잊지 않을 수 있다. 지금, 우리는 얼마나 자주 눈앞의 사람 대신 휴대폰을 바라보고 있지는 않은지. 나를 두고 하는 말이다.

의미 없는 바쁨 속에서 지루함을 견디지 못해 무언가에 계속 의지하고 있는 건 아닐까. 그것이 바로 '실존적 공허'다. 지루함을 이겨내는 힘은 '존재'에 있다. 가만히 내 안을 들여다보는 시간. 몸을 느끼고, 마음을 만나고 생각의 물결을 따라가 보는 시간 속에 나는 나의 실존적 존재를 느낀다.

그 안에서 나는, 아니 우리는 소유나 행위가 아닌 존재로부터 피어나는 자유를 마주하게 된다.

비워낸 접시 위에서 나는 나에게 이렇게 말한다.
"지금 여기 있는 너, 그 자체로 충분해."

나의 본질은 사랑입니다.

04 천천히 사는 여유, 음미하는 중입니다!

요즘은 모든 것이 빠르다.
그래서일까요, 문득 여유가 그리워졌다.
지금도 칙칙폭폭, 역마다 멈추는 완행열차처럼
우리의 삶도 그렇게 느릿느릿 흘러가면 좋겠다고 생각한다.
분주한 하루를 돌아보며 잠시 숨 고르는 이 순간,
나는 속삭인다.

이미 나는 여유다.

느림의 미학

**한 알의 사과도 내 앞에 오기까지
매일매일 새콤달콤 맛을 내기 위해
무수한 기다림이 있었음을.**

우리는 저마다 크고 작은 목표를 안고 살아간다. 하지만 목표를 세우는 것보다 그것을 하루하루 이어가는 일이 훨씬 어렵다는 걸 자주 느낀다.

'작심삼일'이라는 속담처럼, 매일 같은 길을 걷는 꾸준함은 쉽지 않다. 그래서 나는 거창한 목표보다는 작고 현실적인 것부터 천천히 시작하며 이어가는 힘이 중요하다고 생각한다.

작은 변화가 쌓이고 쌓이면, 어느새 내 삶을 바꾸는 큰 힘이 되어 있을 테니까.

일신우일신! 나는 매일 나를 만나 칭찬하고 지지하며
새로 나는 사람이다. 그리고 원하는 목표까지, 나의 속도대로 나아간다.

05
This is me! 이런 나를 만납니다

"흩날릴지라도 나는 나만의 색으로 남는다."

파프리카, 강황, 히비스커스….
흩날리는 가루들 사이에서 나는 내 안의 진짜 나를 만났다.
이제 나는, 나를 감추지 않는다.

흩날림 속 나의 색깔, 이게 나야

스피루리나, 히비스커스, 강황, 비타민나무열매, 파프리카, 커피….
색도 질감도 모두 다른 가루들을 접시에 펼쳤다. 진초록, 붉은색, 보라, 갈색, 진노랑, 옅은 노랑. 곱기도 하고, 거칠기도 한 이 재료들은 바람에도, 콧김에도 흩날리는 다루기 어려운 매체다.

관계도 그렇다. 나도 그렇다. 내향적인 나에게 사람 사이의 거리는 여전히 어렵다. 상담사로, 강사로 20년을 일했지만 그건 쉽게 바뀌지 않았다. 얼마 전, 조카와 함께 본 영화『위대한 쇼맨』. 그 안에서 울려 퍼진 노래 한 곡이 내 가슴을 울렸다. 「This is me」 상처 입은 존재들이 자신을 감추지 않고 당당히 노래하는 순간. 나도 눈물이 흘렀다.

"그래, 이게 나야." 나는 나를 인정하고 받아들였을까? 유난히 작았던 키 때문에 움츠러들었던 나. 그 시절 나는 부끄러움으로 나를 가뒀다. 그러나 이제는 안다. 그 모든 모습까지도 나라는 것을. 오늘, 나는 나를 사랑한다. 흩날리는 가루들 속에서도 분명하게 남는 나만의 색을 본다. 그래서 오늘, 나는 내가 특히 더 자랑스럽다.

This is me.

나는 나의 속도로, 나의 방식으로 지금 이 순간 나의 삶을 살아간다.

나를 나로 인정하는 그 순간이 위대한 변화의 시작임을 나는 안다.

06 다양성을 받아들이는 다름, 존중을 배워가요

나는 인생의 다양성을 수용하고 존중합니다.
다름을 통해 배우고 성장하니 감사합니다.

방울토마토를 자르며 어느 것도 같은 모습이 없다는 것을 알았어요.
그 다름에 매료되어 한참 동안 그 다양함에 푹 빠져 한참을 놀았어요.
신기하게도 사람들도 각자 자신만의 모양대로 살아가고 있네요

삶의 다양성을 알아차리는 방울토마토와 노는 소중한 이 순간!

수 용

**비교와 경쟁은 필요 없어요. 나는 그냥 나이기에
나는 그 무엇과 비교할 필요 없는 소중한 존재이니까요**

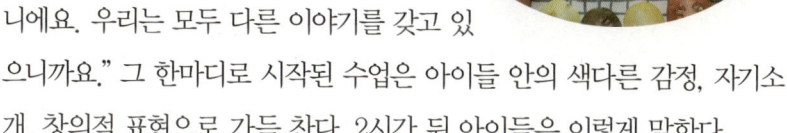

3월이면 초·중·고등학교를 방문해 아이들과 집단상담을 진행한다. 그 시간은 늘 '나'와 '너' 사이의 거리를 좁혀보는 시간이다. "서로 다른 건 틀린 게 아니에요. 우리는 모두 다른 이야기를 갖고 있으니까요." 그 한마디로 시작된 수업은 아이들 안의 색다른 감정, 자기소개, 창의적 표현으로 가득 찬다. 2시간 뒤 아이들은 이렇게 말한다.

"친구들의 생각을 이해하게 되었어요."

"우리가 얼마나 다른지 알게 되었고, 그게 오히려 더 재미있었어요."

조금만 설명하고 기다려주면 아이들은 자신만의 색깔로 표현하기 시작한다.

그 순간, 나는 또 하나의 다양성을 배운다. 어떤 아이는 노랑, 어떤 아이는 초록, 어떤 아이는 깊고 단단한 보라처럼….

공자도 말씀하셨다. "세 사람이 길을 가면, 그중에는 반드시 내 스승이 있다."

아이들이 가르쳐준 다름의 지혜. 그 모든 순간이 순간이 소중한 배움의 시간이다.

민주야, 오늘도 배움의 날이야. 고맙고 사랑한다.

나는 오늘도 자신의 색깔을 있는 그대로
한 아름 품는 아름다운 내가 됩니다.

07
선택의 자유를 누리는 중이죠

선택이 만족을 주지 않아도
자유는 줄 수는 있지 않을까?

뜨거운 햇빛 아래, 친구와 함께 달려나간다.
경주를 하든, 그냥 뛰어놀든 우리는 매 순간 스스로 선택한다.
그 순간이 최선임을 알고, 마음껏 즐길 수 있음에 감사하다.

소신

어떤 선택을 하느냐에 달라질 수 있어요.
당신은 이전과 다른 선택을 할 수 있어요.

 순간순간 우리는 선택하며 살아간다. 샤르트르가 말했듯, 인생은 B와 D 사이의 C처럼 우리는 태어나면서부터 수많은 선택을 하게 된다.
 삶의 수레바퀴가 어디로 굴러갈지는 알 수 없지만, 어떤 선택을 할지는 오직 나에게 달려있다.
 나의 미래는 내가 만들어가는 것이며, 그 선택에는 소신이 중요한 역할을 한다. 진정한 자유는 매 순간 자기 소신에 따라 결정할 때 가능하다.
 그래서 오늘도 나는 묻는다. "지금 이 선택은, 내 마음이 정말 원하는 방향인가?"

내 마음이 원하는 선택을 위해, 두려움을 마주하라.

08
햇살처럼 빛나는 나와 데이트 중입니다

햇살처럼 존재하라. 그대는 빛이다.
그저 제자리에 있는 것만으로도 빛나는 존재.

접시 위 삶의 은유들.
삶은 질문을 던졌고, 나는 대답했다.
나는 나로서 빛난다.

존재, 그 자체로 빛나는 삶

식사 도중, 때로는 밥상 위의 반찬들이 내게 말을 걸어오기도 한다. "그들은 그들의 일을 한다. 너는 너의 일을 하라." 작은 반찬 하나하나가 자기 자리를 지키며 그대로 존재하고 있었다. 마치 햇살처럼.

햇살은 세상을 비추려 애쓰지 않는다. 그저 제 자리에 있을 뿐이다. 하지만 그 존재만으로 세상은 환해지고, 누군가의 하루는 따뜻해진다.

누군가는 말한다. "덥다, 눈부시다, 고맙다, 싫다." 하지만 햇살은 흔들리지 않는다. 칭찬에도, 비난에도, 일희일비하지 않는다.

햇살처럼 존재하는 삶. 나는 그것이 내 삶의 방향이라 믿는다. 누군가를 밝히기 위해서가 아니라, 그저 나로서 빛나는 삶. 푸놀치를 하며 나는 알아차려 간다. 진짜 중요한 건, 결과가 아니라 존재의 방식이라는 걸.

우리는 언제 어디서든 스스로 빛을 내는 존재이다.

그들은 그들의 일을 한다. 너는 너의 일을 하라.

마음 쉼표 : 나는 지금 어떤 껍질을 벗고 있나요?

"에너자이저"

우리는 수없이 많은 껍질을 두르고 살아가요.
기대, 역할, 의무, 기준….
그중 어떤 껍질은 아주 오래되었고,
어떤 것은 이제 나와 맞지 않기도 하죠.
지금 나는 어떤 껍질을 벗고,
어떤 본질에 다가가고 있을까요?

태초의 나로 돌아가 껍질을 벗는 중이에요

마음 쉼표 : 지금 나를 무겁게 하는 마음의 외투는 무엇인가요?

1. 나는 어떤 모습일 때 가장 나답다고 느끼나요?
   - 그 모습은 언제, 누구와 함께일 때 자연스럽게 드러나나요?

2. 요즘 내가 자주 의식하는 '타인의 시선'은 어떤 모습인가요?
   - 이제는 벗어내고 싶은 '역할'이나 '기대'는 무엇인가요?

3. 내 안의 진짜 목소리는 지금 어떤 이야기를 들려주고 있나요?
   - 나는 나의 다양함을 있는 그대로 받아들이고 있나요?
   - 혹시 감추고 있는 나의 한 면이 있다면, 그 모습은 어떤가요?

4. 나를 진짜 나로 살아가게 해주는 '하나의 태도' 또는 '가치'는 무엇인가요?
   - 그 가치를 지키며 산적이 있다면, 언제였나요?

7장

내면에서 피어나는 꿈을 실현시키는 중

푸놀치로 세상을 건강하고 아름답게 나비처럼 자유롭게
손끝에서 피어난 감정과 생각, 그 모든 표현이 기쁨이 되고,
감사가 되고, 세상을 향한 사랑의 씨앗이 되었습니다.

이 표현은 단지 나의 마음을 위한 것이 아니라,
세상을 치유하고 회복시키는 밥상 위의 심리학이 되었습니다.

오늘, 푸놀치는 한 사람의 삶에 꽃을 피우고,
공동체를 따뜻하게 감싸며, 지구를 더 아름답게 만드는
꿈의 언어가 됩니다.
상상은 씨앗이 되고, 표현은 물처럼 스며들며,
비전은 꽃으로 피어납니다.
플로리시한 삶을 위한 당신 안의 그 꿈도
행복이 만개한 세상을 위해 지금 피어나고 있지 않나요?

밥상 위에서 만난 '내 안의 천사',
밥을 먹다 문득, 내 안에 조용히 자리한 천사를 발견했다. 고추 하나, 배추 잎 두 장, 고추장 붉은 점의 후광효과가 어느새 나를 감싸안는 천사가 되어 나를 돌보고 있다.
푸놀치의 알아차림의 순간은 이처럼 선물로 다가오기도 한다.
이 우연 속에는 마음 깊은 곳에 있던 사랑, 위로, 평화, 기쁨의 씨앗이 싹트는 것으로 보여진다.

이 작품은 나의 미션이다.
건강하고 아름다운 세상을 위해 하루 5분 긍정밥상으로 선한 영향력을 나누는데 함께 하시는 보이지 않는 손. 내가 너무 애쓰지 않아도, 좋은 사람들과 함께하며 자연스럽게 사랑의 에너지가 온누리로 퍼져나가 세상을 아름답게 변화시킬 것이라는 확신, 그 마음은 천사의 날개를 타고 초록별 어디에나 닿을 거라고 천사가 말해주는 듯해 행복하다.

1. 또다시 꿈을 띠우는 중입니다
2. 쉼표, 그리고 꿈틀, 느릿느릿 나만의 길을 가고 있어요!
3. 인생 3라운드를 향해합니다!
4. 신비로운 생명체와 만나고 있어요
5. 아버지가 심은 사랑의 결실을 따는 중이에요
6. 드넓은 세상으로 나아가는 중입니다
7. K-T로 세계로 날아가는 중입니다! - K-Therapy & K-Healing. PuNolChi
8. 나의 사명, 푸놀치 세상을 만나는 중이랍니다

01 또다시 꿈을 띄우는 중입니다

"마음은 때때로, 현실보다 먼저 하늘을 난다."

열기구나 행글라이더를 타고 하늘을 날아보고 싶다는 꿈이 늘 있었다.
하지만 무섭고 자신이 없어 시도하지 못했다.
그래서 푸드 재료로 그 꿈을 먼저 띄워보았다.
순간, 짜릿함과 즐거움이 너무 생생했어요.

상상은 현실이 되어

현실을 넘어, 마음으로 나는 연습

어릴 때부터 열기구, 행글라이더, 낙하산…. 구름 위를 떠다니는 상상을 자주 했다. 하지만 막상 현실이 되려 하면 늘 망설였다.

"무섭다", "내가 할 수 있을까?" 두려움이 먼저 앞섰다.

그래서 오늘은, 그 꿈을 푸드로 먼저 띄워보기로 했다.

귤은 열기구가 되고, 사과껍질은 바구니가 되었으며, 구불구불한 면은 하늘을 흐르는 바람이 되었다.

푸놀치 마음여행을 하며 마음이 먼저 하늘을 날면, 언젠가 현실도 따라올 수 있다는 희망이 생긴다. 모든 꿈이 바로 실현될 필요는 없다. 꿈을 표현하는 것만으로도 삶은 풍성해지고, 살아있음을 느낄 수 있다.

무섭다고 해서 꿈을 멈출 필요는 없다. 그저 지금 내가 할 수 있는 방식으로, 먼저 꿈을 띄워보면 된다.

오늘, 나의 마음은 두둥실 열기구를 타고 하늘을 난다.

꿈을 먼저 띄워 놓았으니, 언젠가 현실도 그 뒤를 따라 날아오르겠지.

02
쉼표, 그리고 꿈틀, 느릿느릿 나만의 길을 가고 있어요

"나는 지금 무얼 말하고 싶을까.
내 안의 소리가 빵 속에서 꿈틀거린다."

잠시 멈춰 나를 만나는 시간, 쉼표 하나 찍고,
꿈틀거리는 내면의 목소리에 살며시 귀를 기울인다.
원해서 선택한 길인데, 너무도 지치고 힘이 들 때 그럴 땐, 숨쉬기를 선택해보자.
푸놀치 마음 여행. 잠시라도 잊고, 가볍게 놀아보자
지금 이 순간만큼은 나에게로 돌아오는 시간.

그래그래. 괜찮아~ 토닥토닥

나는 지금 무얼 말하고 싶을까. 매일 돌아가는 바쁜 일상 속에서 잠깐 멈춰 나를 바라보는 시간. 푸놀치 타임은 그렇게 시작된다. 어린이집이라는 큰 공간 속, 잠시 짬을 내어 나를 만나본다.

빵 속에서 하나, 둘 기어 나오는 젤리 벌레들. 그건 그냥 장난이 아니라, 눌러두었던 내 내면의 소리일지도 모른다.

"나, 지금 좀 힘들어."
"나도 말하고 싶어."
"조금만 쉬어도 될까?"

해님은 말없이 웃으며 비추고, 초록 포도 세 알은 쉼표처럼 옆에서 나를 바라본다.

이 작품은 나에게 속삭인다.
"괜찮아, 지금 이대로도 좋아."
"그래, 그래. 괜찮아." 토닥토닥 위로의 표현 속에서 내 마음은 따스해진다.

말하지 않아도 너는 이미 충분히 이야기하고 있어.

꿈틀꿈틀, 나는 오늘도 나의 소리를 따라 조금씩, 조심스럽게 세상 밖으로 나와 본다.

괜찮아, 영애야~ 지금 이대로도 충분히 괜찮아!

03
인생 3라운드를 항해합니다

요즘 밖에서 사람들을 만나보면, 너도나도 다 힘들다고 말한다. 그래서 그들에게 조금이라도 힘이 되는 메시지를 전하고 싶었다. 밝은 날에도, 어두운 밤에도 같은 마음으로 방향을 잃지 않는 평온한 항해자의 모습을 상징적으로 담아 보았다.

하늘과 바다가 맞닿은 접시 위, 낮의 태양 아래서도 밤의 별빛 아래서도 배는 묵묵히 나아간다. 파도가 있어도 돛대가 꺾이지 않는 한 항해는 계속된다. 이는 지치고 힘든 순간에도 중심을 잃지 않고 나아가는, 우리 삶의 힘을 상징한다.

내가 항해

누군가는 인생을 항해라고 했다. 나는 이렇게 말하고 싶다. '내가 항해다.' '내가 항해를 한다'는 말보다, 존재 그 자체가 항해라는 의미로 다가오기 때문이다.

내가 항해

한 조각 빵, 한 조각 과일,
그리고 그 위에 담긴 이야기.
햇살이 나를 비추는 낮에도,
별들이 나를 감싸는 밤에도
나는 같은 방향을 향해 항해하고 있다.
파도는 늘 있지만,
나의 돛대는 꺾이지 않는다.
항해는 목적지가 아니라
'지금 이 순간을 나답게 살아내는 용기'다.
그래서 나는,
'항해하는 내가 아니라, 내가 곧 항해'다.

04
신비로운 생명체와 만나고 있어요

"마음속 알에서 작은 나를 다시 태어나게 해보세요."

깻잎 숲 속, 달걀 안에서 또 하나의 내가 살며시 눈을 뜨려 합니다.
숲 속 요정이 태어날 것 같은 자연 속 작은 생명체의 탄생!
그 안에는 자연의 성장과 희망이 담겨 있어요. 살아가다 보면,
상상 속에서 내가 바라는 모습으로 다시 태어나고 싶은 순간이 찾아오지요.
마음속에 언제나 자라고 있는 작은 생명체가 있습니다.
그것은 알에서 부화하듯 천천히 깨어나, 조금씩 나를 성장하게 만들지요.

매 순간이, 신비롭게 태어나는 날.
나는 오늘도 본래의 나로 조금씩 새롭게 태어납니다.
그리고 아직도, 나는 성장 중이랍니다.

날마다 새롭게 태어나는 나

초록 숲 위에 자리한 계란, 그 안에서 신비한 생명이 태어나고 있어요. 따스한 기운과 함께 꿈틀대는 생명성, 마치 숲 속에서 태어나려는 작은 요정 같기도 해요. 그 모습은 어쩌면, 내 마음 안에서 새롭게 부화하는 '또 다른 나'일지도 몰라요.

자연은 멈추지 않고 늘 스스로 그러하며 자라나듯, 우리 마음속에도 '다시 태어나고 싶은 자아'가 조용히 숨 쉬고 있죠.

어느 날 문득, 알을 깨고 나와 조용히 나를 향해 손을 내미는 내 안의 또 다른 나! 이 작품은 그런 신비로운 생명력의 순간을 표현했어요. 성장은 특별한 사람만의 이야기가 아니에요. 나도, 당신도 우리 모두 원한다면 다시 피어날 수 있어요. 매일의 순간 속에서 우리는 조금씩 깨어나고, 조금씩 변화하며 원하는 나의 모습으로 자라나고 있는 중이에요. 숲 속의 작은 요정처럼, 나는 오늘도 내 안의 생명성과 연결되며 작은 꿈을 꿔 봅니다. 신비로운 생명체가 되어 세상을 아름답게 하는 그 꿈을.

우리, 그 생명력을 깨우는 '마음소풍' 함께 떠나 볼까요?

05 아버지가 심은 사랑의 결실을 따는 중입니다

결실을 수확하고 싶나요?
자신에 대한 믿음을 먼저 바꿔보세요

어린 시절, 아버지는 우리 형제들의 미래를 바라보며 단감나무를 심으셨다.
그 나무에는 말없이 깊은 사랑이 담겨 있었다.
이제 우리는 해마다 그 사랑을 단감으로 거두어들이고 있다.

홍시 같은 꿈

　어린 시절 아버지가 심은 감나무는 내게 사랑의 상징이자 기다림의 나무였다. 해마다 가을이면 형제들이 모여 감 땄고, 그 시간은 아버지의 사랑을 함께 나누는 시간이었다. 우리 삶 속에서 익어가던 감은, 어쩌면 꿈의 맛이었는지도 모른다.

　나는 무수한 꿈을 꾸며 자라났다. 참새를 잡고 싶던 아이는 고무줄도, 썰매도, 연날리기도 잘하고 싶었다. 그렇게 꿈을 좇던 나는 경영학도가 되어 사업을 하고 나름의 성취를 이루었다.

　그러다 마흔을 바라보던 무렵, Jung이 말한 것처럼 진정한 자신을 만나기 위해 또 다른 꿈을 꾸었다. 심리학을 공부했고, 박사가 되었으며, 지금도 나는 여전히 꿈을 꾼다. 마흔의 나에게 익어갈 또 하나의 홍시 같은 꿈. 그 꿈은 내 삶의 나무 위에서 햇살을 머금고 천천히 익어가고 있다. 그래서 해마다 나는 엄마의 뜰 감나무 아래서, 홍시처럼 익어가는 꿈을 하나씩 주워 담는다

**나는 늘 꿈꾸는 사람이다.
꿈은 나를 설레게 하고, 하루를 행복으로 채워준다.**

06
드넓은 세상으로 나아가는 중입니다

"지금까지의 세상이 전부라고 믿나요? 아직 만나지 못한 새로운 세계,
함께 떠나 보실래요?"

50년이 넘는 세월 동안 다양한 것들을 경험했지만,
때로는 용기가 부족해서, 또 어떤 날은 지쳐서, 혹은 귀찮다는 이유로
시도하지 못한 것들도 있었다. 패러글라이딩, 캠핑, 혼자만의 여행…
늘 마음속에만 담아두었던 꿈들을 이제는 행동으로 옮기려 한다.
생각을 현실로 만들기 위해 빨간 접시를 선택해,
자동차에 행복 가득, 꿈을 싣고 자유로운 여행을 그려 보았다.
두렵지만 동시에 설레는 마음 이제, 나는 출발한다.

도 전

**평소 하고 싶었던 작은 일을 시작하는 것부터
도전의 시작입니다.**

도전하면 늘 성취나 기록이 먼저 떠오른다. 무엇인가와 맞서 싸우고, 결과를 내야 할 것 같은 부담. '힘들겠지', '두려워'라는 마음이 먼저 찾아와 때로 나는 스스로를 주저앉히기도 한다.

하지만 도전이 꼭 거창한 목표를 이루는 것만일까? 내가 해보지 않았던 작은 일, 불편했던 경험 하나에도 도전은 있다. 평소 먹어보지 못한 음식을 시도하거나, 패러글라이딩처럼 조금 겁이 나도 하늘을 날아보는 것. 익숙하지 않은 일상을 경험하는 것만으로도 충분히 도전이다.

오늘, 나는 작은 도전을 선택했다. 익숙한 길 대신 새로운 길을 걷는다. 내 인생의 도전은 여전히, 지금도 계속되고 있다.

**어느새 예순을 바라보는 나이이지만, 나는 여전히 청년처럼 꿈꾼다.
민주의 도전은 아직도 진행 중이다.**

07 K-T로 전 세계를 향해 날아가는 중입니다
K-Therapy & K-Healing, PuNolChi

"하나의 열매 맺음으로 세상을 사랑으로 깨어나게 하다."

굴 하나에 나의 비전이 담겼다.
작지만 확실한 믿음, 이 작은 식탁에서
세상을 위한 사랑의 씨앗을 심는다.

사랑의 씨앗

귤 하나에 세상을 향한 사랑이 담겨 있다.
그건 생명과 가능성,
그리고 세상을 향한 치유와 사랑의 시작이다.
주변에 놓인 씨앗들은 전 세계로 퍼질 푸놀치 사랑의 씨앗들.
그 아래 정성껏 새긴 K-T & H라는 글자에는
내가 세상에 전하고 싶은 가장 선한 기도를 담았다.
K-Therapy, 푸놀치, 그리고 K-Healing Arts Model.

이제 이 마음의 길이 대한민국의 온기를 담은 리더십이 되어
세계인의 감정과 정신을 회복시키는 빛이 되기를 바란다.
그 시작은 거창하지 않아도 된다. 하루 5분, 긍정 밥상이면 충분하다.
식탁 위에서 시작된 작고 따뜻한 마음이 온 누리에 퍼져 나갈 것을 나는 믿는다.
하늘은 공동체의 유익을 위해 스스로 돕는 자를 돕는다는 것을 알기에!

K-Therapy & Healing
푸놀치(PuNolChi), 푸카詩(PuKaSi)
가장 한국적인 것이 가장 세계적이라는 믿음이 있다.

08 나의 사명, 푸놀치 세상을 만나는 중이랍니다

"한 방울, 또 한 방울… 푸놀치 진심이 접시 위에 펼쳐진다."

세상을 바꾸는 건 거창한 말이 아니라, 고요하고 뜨거운 진심 한 줌.
나는 오늘도 밥상 위의 심리학, 푸놀치로 사랑의 씨앗을 싹틔운다.

아름다운 개화

나의 사명은 내게 주어진 재능을 푸놀치 사랑으로 펼치는 것이다.

푸놀치는 내 안의 사랑, 행복, 감사, 고요함, 믿음 그리고 알아차림을 세상으로 우주에 조용히 되돌려주는 길이 되었다.

삶의 치유예술인 푸놀치. 식사를 하며 펼쳐진 밥상 위의 긍정심리학. 접시에 요거트를 펼치고 한 방울씩 내가 가진 재능의 씨앗을 뿌렸다. 생명이 발아하여 싹이 트고 꽃이 피었다.

내가 가진 것이 누군가의 생명이 되고, 세상을 조금 더 건강하고 아름답게 바꿀 수 있다면 그 길을 나는 묵묵히 걸어갈 것이다.

무소의 뿔처럼, 흔들림 없이!

> "복숭아 속에 씨앗이 몇 개인지는 누구나 알지만,
> 그 씨앗 속에 복숭아가 몇 개인지는 누구도 모른다."
> ─영화『나랏말싸미』중에서

마음 쉼표 : 지금, 내 안에서 피어나는 꿈은 무엇인가요?

"함께 떠나요, 우리"

꿈은 꼭 거창하지 않아도 된다.
깊은 마음속, 작은 설렘,
하루를 기쁘게 시작하게 해주는 이유,
나를 일으켜 세우는 단 한 사람의 응원…
지금, 내 안에서 꿈틀거리는 '작은 꿈 하나'를
살며시 만나보고 싶다.

마음 쉼표 : 내 안에서 설렘을 주며 속삭이는 꿈을 만나 보세요.

1. 나는 지금, 어떤 꿈을 마음속에 품고 있나요?
 - 그 꿈의 이름을 조용히 불러보세요.
 - 그 꿈을 떠올리면 어떤 감정이 피어오르나요?
 - 설렘? 희망? 두근거림? 잠이 오지 않는 기대감?

2. 지금 이 자리에서, 그 꿈을 향해 내디딜 수 있는 가장 작은 첫걸음은 무엇인가요?

3. 나는 누구와 함께 그 꿈을 나누고 싶나요?

4. 그 꿈이 나를 통해 자라난다면, 세상에 어떤 작은 변화가 생길까요?

_____
_____
_____
_____
_____

글을 마무리하며

고통 속의 멈춤, 새로운 시작

고통의 신비라는 말을 사고 이후 많이 사용하게 되었지요. 사고가 아니었으면 일상의 익숙한 일들에 대한 감사가 생활화되지 않았을 것도 같습니다. 숨을 잘 쉴 수 있다는 것이 얼마나 감사한지, 잘 걸을 수 있다는 것이 기적이고 뛸 수도 있다는 것은 더욱 감사이고 축복입니다. 더불어 신변 처리를 내 손으로 할 수 있다는 것이 얼마나 큰 축복이며 은총인지 깨닫게 되어 감사합니다. 가족을 매일 만나 볼 수 있다는 것은 더 큰 감사입니다.

사고를 통해 인생을 다시 시작하며, 한쪽 문이 닫히면 새로운 문이 열리게 되는 신비로운 경험을 하게 되었습니다. 상담을 공부하면서 궁극적으로 제가 하고 싶은 일은 길을 잃고 방황하는 영혼들의 안식처를 찾도록 돕는 일이었지요. 어느 날 고통 속에서 멈추고 바라보니, 결국 제 자신이 길을 잃고 방황하는 영혼이었다는 것을 알게 되었습니다. 강제적으로 멈추어진 삶이었지만 결국 인생은 포기하지 않는 한 다른 문이 열려 자신이 원하는 방향을 찾아 나아가게 되는 듯합니다.

　인생을 살아가며, 진정으로 제가 하고 싶었던 일인, 영성 공부의 기회가 자연스럽게 다가왔습니다. 최소한 2~3년은 가능한 얌전히 누워만 있으라는 의사 선생님들의 지시에 따라 밥을 먹기 위한 푸놀치 활동 외에는 누워서 할 수 있는 유일한 일이 강의 듣기였습니다. 그중 제 마음을 파고드는 들어도 다시 또 들어도 좋았었던 차동엽 신부님의 유튜브 강의는 건강해진 저를 상상하며 긍정적인 미래의 꿈을 꾸게 하는 치유의 묘약이었습니다. 강의를 듣다 잠을 자던 어느 날 우연히 연결된 영상이 가톨릭 평화방송의 박재찬 신부님의 강의 현대 영성가 '토마스 머튼'이었습니다. 신부님의 강의를 들으며 '아~ 이것이었구나.' 감사와 충만한 에너지가 교통사고의 후유장애로 인해 고통으로 얼룩진 제 마음을 어루만지며 치유하기 시작했습니다.

　한 달에 한 번 서울로 떠나는 영성 나들이, 박재찬 신부님의 강의를 통해 저의 몸과 마음이 치유되는 피정에 참여할 수 있어 감사합니다. 고통의 신비를 체험하는 특별한 경험이었습니다.

　어쩌면 교통사고는 '너, 멈추고 하느님 나를 알라.'라는 의미를 지닌 제 인생의 가장 큰 사건인지도 모르겠습니다. 그리고 어쩌면 개인적인

글을 마무리하며 · 161

것에서 공동체의 유익을 위한 삶을 살아가라는 부활의 의미는 아닌지도 생각해 봅니다. 그래서 저는 더욱 하늘에 계신 우리 아버지께 기도하고 매달렸습니다.

그리고 큰 깨달음이 다가오기 시작했습니다. 삶은 죽을 때까지 배워야 하는 인생길인데. 연습이 없는 실전의 삶 속에서 어떻게 제대로 잘 배워나갈 수 있을까요? 우리가 학교에서 배웠던 이론과 실제를 하나로 통합하여 일상의 삶이 교육현장이 되고, 힐링이 되며 건강한 삶을 잘 살아가도록 안내하는 방법은 무엇이 있을까 생각해 보게 되었지요.

사고로 인한 사회적 거리두기로 고독과 침묵 속에 생각하면서, 저를 바라보았지요. 밥을 먹기 위해 작은 딴짓이 필요한 저를요.

K-Therapy인 푸드표현예술치료(푸놀치)의 개발자로 이론과 실제는 하나라고 주장하고 있었지만 실제로 일상생활 속에서 바쁘다는 핑계로 체화되지 않았었는데 이번 사고가 딱 그때였던 거였죠. 숟가락으로 밥을 하트모양으로 만들고, 계란 노른자로 보름달을 표현하고, 부추로 숲을 만들며 푸드표현 놀이를 하며 저는 건강해지기 시작했습니다. 처음엔 밥을 먹기 위해 셀프테라피로 저를 치유하는 시간이었지만, 그 표현 놀이가 저를 알아차리고 성장시키는 삶의 활력소가 되기 시작했습니다. 딴짓처럼 보였던 밥상 앞의 푸드표현예술 활동이 결국 몸과 마음을 치료하는 삶의 치유예술이 된 거죠.

매일 밥상 앞에서 반복된 이 작은 행동은 단순한 딴짓이 아니었습니다. 그것은 제 몸과 마음을 살리는 '하루 5분의 치유 밥상'이 되었습니다.

된장찌개에 사랑의 기운을 담아 끓이다

감사의 글

더 많이 감사합니다

언제나 그렇지만 한 가지 일을 끝내고 나면 감사할 사람이 너무나 많이 떠오릅니다. 오랜 시간을 끌었던 글이 마무리 지어지니 정말 감사가 넘칩니다. 푸놀치 마음여행이 중심을 잘 잡고 함께 연구하는 긴 시간을 한결같이 곁에서 마음 써준 강민주 박사에게 진심으로 감사합니다. 그녀는 저에게서 푸드표현예술치료를 배웠지만 저를 월등히 뛰어넘는 스승 같은 사람으로 성장했지요. 그녀와 매일 매일, 원고를 같이 쓰며 푸놀치 마음여행을 할 수 있어서 책을 끝낼 수 있었기에 더욱 감사합니다. 늘 곁에서 묵묵히 愛 많이 써주신 제 인생의 도반인 김민용 회장에게 감사를 전합니다. 주신 제 인생의 도반인 김민용 회장과 강민주 박사에게 먼저 감사를 전합니다.

그리고 힘들 때마다 저에게 응원의 메시지를 선물해준 50년 지기 제 친구 민정에게도 진심으로 고마움을 전합니다. 나의 숨이 막힐 때마다 숨 쉴 수 있는 마음의 통로가 되어준 소꿉친구. 제게 평생 밥을 사준다니 그녀는 '박사'보다 더 위대한 '밥사'입니다. 친구야 고마워.

또한, 과중한 업무로 지치고 힘든 상황 속에서도 예쁜 작품을 만들어 눈과 마음이 화사하게 바뀔 수 있도록 함께 해준 김영애 이사에게도 감사합니다. 오랜 시간 함께 하니 우리는 말하지 않아도 마음으로 느끼고 알게 되는 것 같아요.

이 책을 함께 쓰며 저의 창의성의 세계를 크게 점프 시켜주신 짝꿍 민용 님, 감사해요. 한솥밥을 먹는 사람으로 저의 강권으로 전공을 바꾸며 강산을 두 번 넘는 시간 같은 길을 걸으며 힘든 시간도 있었지만 한고비 고비를 넘을 때마다 성장하고 발전한 것은 짝꿍, 김민용 님 덕분입니다.

특히, 푸드표현예술치료(FEAT), 푸놀치(PuNolChi)가 확실한 표현예술치료 분야의 학문으로 자리할 수 있도록 K-FEAT협회 전문가분들의 도움으로 함께 한 연구결과는 감동 그 자체입니다. 덕분에 20년간의 푸드표현예술치료의 상담현장에서 전문가들의 경험을 토대로 한 연구로 치료적 요인이 밝혀짐에 따라 푸드표현예술치료가 K-Therapy로서의 위상을 당당하게 세계로 전할 수 있어 더욱 감사합니다. 박사 논문을 준비하는 동안 한국푸드표현예술치료(K-FEAT)협회와 함께 하며 묵묵히 지지와 격려를 보내 주시며 백지에 푸드표현예술치료의 효과에 대하여 진정성을 담은 자신의 푸드표현 상담 기록을 전해준 한국푸드표현예술치료협회 모든 전문가 선생님들께 두 손 모아 '배꼽 인사를' 머리 숙여 감사를 전합니다.

진심으로 고맙고 감사합니다. 여러분들의 지지와 사랑 덕분에 여기까지 올 수 있었습니다. 진심으로 감사를 드립니다.

　교통사고 이후 멈추었던 것처럼 느껴졌던 삶. 육체적 고통이 축복임을, 제가 살아있음을 명확하게 느끼게 하는 신의 한 수였음을 온몸으로 배웠습니다. 5년여의 어두운 터널을 혼자 걷는 듯했지만 늘 그 안에 저를 지지하고 사랑해주는 가족들과 친구, 고운 님들의 사랑이 있었기에 저는 제 인생을 다시 감사와 사랑으로 깨웠습니다.

　서울로 영성훈련을 갈 때마다 저의 슬픔과 아이 같은 투정을 받아 긍정으로 다듬어주신 김현규 신부님께 감사합니다. 동생이지만 늘 언니처럼 돌보아준 김 작가의 넉넉함과 큰 사랑 덕분에 힘든 고비들을 넘길 수 있었음에 진심으로 감사를 전합니다. 어려운 환경 속에서도 긍정의 힘을 잃지 않고 지지를 해준 경화에게도 감사합니다. 한 사람 한 사람을 일일이 다 나열하지 못하지만 마음으로 사랑과 감사의 에너지를 보냅니다.

　책을 마무리하며 문득 제 인생의 한 계절이 끝나고 새로운 계절이 시작되는 듯한 느낌이 들었습니다. 무언가 정리되고, 다시 피어나는 마음. 눈물로 씻어낸 밤도, 함께 웃으며 보낸 순간도 모두 다 담겨 있는 제 인생의 꽃, 오늘도 저는 사랑과 감사를 담아 20년 지기들과 따로

또 함께 푸놀치로 꽃을 피웁니다. 인향만리(人香萬里)라고 사랑과 감사의 마음을 담은 꽃향기는 멀리멀리 퍼지며, 삶을 살아가는 또 다른 이들에게도 닿기를 바랍니다. 이 길을 함께 걸어가 주시는 푸놀치 마음여행에 관심 가져 주시는 모든 분들께 고맙고 감사합니다. 이제 사고의 고통에서 벗어나며 아팠던 시간도 따스한 눈으로 지켜보아 주시는 눈길을 통해 더 건강해졌음을 믿습니다. 당신이 있어 가능했습니다. 여러분 덕분에, 제 인생의 꽃이 아름답게 피었습니다.

그리고 이제, 이 책을 읽는 독자 여러분의 삶에도 작은 소망을 담은 씨앗 하나 심겨지기를 조용히, 기도합니다.

끝으로 책을 편집하며 요구사항이 많은 저의 바람을 친절하게 잘 받아주시고 적용하여 좋은 책을 만들어주신 생각나눔 편집부 디자이너 권희연 님께 진심으로 감사를 전합니다.

사랑으로, 다시 한 송이 인생꽃을 피우며….

치유산타 **김지유** 드림

너, 밥 먹다 뭐하니?

펴 낸 날   2025년 10월 24일

지 은 이   강민주, 김민용, 김영애, 치유산타
펴 낸 이   이기성
기획편집   권희연, 서해주, 최인용
표지디자인   권희연
책임마케팅   이수영, 김정훈
펴 낸 곳   도서출판 생각나눔
출판등록   제 2018-000288호
주   소   경기도 고양시 덕양구 청초로 66, 덕은리버워크 B동 1708, 1709호
전   화   02-325-5100
팩   스   02-325-5101
이 메 일   bookmain@think-book.com

- 책값은 표지 뒷면에 표기되어 있습니다.
  ISBN   979-11-7048-925-2(03810)

Copyright ⓒ 2025 by 치유산타 외 3인 All rights reserved.
· 이 책은 저작권법에 따라 보호받는 저작물이므로 무단전재와 복제를 금지합니다.
· 잘못된 책은 구입하신 곳에서 바꾸어 드립니다.